Durante
Aquele
Estranho
Chá

Coleção Lygia Fagundes Telles

CONSELHO EDITORIAL
Alberto da Costa e Silva
Antonio Dimas
Lilia Moritz Schwarcz
Luiz Schwarcz

COORDENAÇÃO EDITORIAL
Marta Garcia

LIVROS DE LYGIA FAGUNDES TELLES
PUBLICADOS PELA COMPANHIA DAS LETRAS
Ciranda de Pedra 1954, 2009
Verão no Aquário 1963, 2010
Antes do Baile Verde 1970, 2009
As Meninas 1973, 2009
Seminário dos Ratos 1977, 2009
A Disciplina do Amor 1980, 2010
As Horas Nuas 1989, 2010
A Estrutura da Bolha de Sabão 1991, 2010
A Noite Escura e Mais Eu 1995, 2009
Invenção e Memória 2000, 2009
Durante Aquele Estranho Chá 2002, 2010
Histórias de Mistério, 2002, 2010
Passaporte para a China, 2011
O Segredo e Outras Histórias de Descoberta, 2012
Um Coração Ardente, 2012
Os Contos, 2018

Lygia Fagundes Telles
Durante Aquele Estranho Chá
Memória e Ficção

Nova edição revista pela autora

POSFÁCIO DE
Alberto da Costa e Silva

COMPANHIA DAS LETRAS

Copyright © 2002, 2010 by Lygia Fagundes Telles

Grafia atualizada segundo o Acordo
Ortográfico da Língua Portuguesa de 1990,
que entrou em vigor no Brasil em 2009.

CAPA E PROJETO GRÁFICO
Raul Loureiro/ Claudia Warrak
sobre detalhe de *Figo*, de Beatriz Milhazes,
2006, xilogravura e serigrafia, 175 x 120 cm.
Coleção e reprodução: Durham Press.

FOTO DA AUTORA
Adriana Vichi

ORGANIZAÇÃO
Suênio Campos de Lucena

PREPARAÇÃO
Cristina Yamazaki/ Todotipo Editorial

REVISÃO
Huendel Viana
Veridiana Maenaka

Os personagens e as situações desta obra
são reais apenas no universo da ficção;
não se referem a pessoas e fatos concretos,
e sobre eles não emitem opinião.

Dados Internacionais de Catalogação na Publicação (CIP)
(Câmara Brasileira do Livro, SP, Brasil)

Telles, Lygia Fagundes
Durante Aquele Estranho Chá : Memória e Ficção / Lygia
Fagundes Telles — São Paulo : Companhia das Letras, 2010.

ISBN 978-85-359-1639-3

1. Ficção brasileira I. Telles, Lygia Fagundes. II. Título

10-01980 CDD-869.93

Índice para catálogo sistemático:
1. Ficção : Literatura brasileira 869.93

2ª reimpressão

[2022]
Todos os direitos reservados à
EDITORA SCHWARCZ S.A.
Rua Bandeira Paulista, 702, cj. 32
04532-002 — São Paulo — SP
Telefone: (11) 3707-3500
www.companhiadasletras.com.br
www.blogdacompanhia.com.br
facebook.com/companhiadasletras
instagram.com/companhiadasletras
twitter.com/cialetras

Sumário

Nota da Autora 7

DURANTE AQUELE ESTRANHO CHÁ
Onde Estiveste de Noite? 11
Durante Aquele Estranho Chá 17
Papel Quadriculado 25
O Profeta Alado 31
Da Amizade 35
Mulher, Mulheres 41
A Rosa Profunda 47
Machado de Assis: Rota dos Triângulos 51
É Outono na Suécia 61
No Princípio era o Medo 69
A Língua Portuguesa à Moda Brasileira 73
Jorge Amado 77
Mysterium 81
Discurso de Posse na Academia Brasileira de Letras 87
Um Retrato 97
Resposta a uma Jovem Estudante de Letras 103
Então, Adeus! 109
Resposta a Clarice Lispector 115
Às Vezes, Irã 121
Encontro com Drummond 127
A Escola de Morrer Cedo 135

SOBRE LYGIA FAGUNDES TELLES E ESTE LIVRO

Posfácio — *Conto e Memória*, Alberto da Costa e Silva 147
Apresentação à Primeira Edição, de 2002, Suênio Campos de Lucena 151
A Autora 157

Nota da Autora

O jornalista Suênio Campos de Lucena, preparando sua tese de pós-graduação, propôs um novo livro reunindo estas crônicas. Começava o ano de 2002 e do qual eu não esqueço porque foi um ano demasiado difícil. Eis que agora, em pleno 2010, o livro volta às minhas mãos e então mudei muita coisa, confesso mesmo que reescrevi três crônicas e cheguei a cortar uma delas. É a satisfação que estou dando ao meu leitor que sempre considerei o meu cúmplice: atualizei o livro, eis aí.

Durante
Aquele
Estranho
Chá

Onde Estiveste de Noite?

Acordei em meio do grito, gritei? Com os olhos ainda flutuando na vaga zona do sono, levantei a cabeça do travesseiro e quis saber onde estava. E que asas eram aquelas, meu Deus?! Essas asas que se debateram assim tão próximas que o meu grito foi num tom de pergunta, Quem é?...
 Abri a boca e respirei, tinha que me localizar, espera um pouco, espera: estava sentada na cama de um hotel e a cidade era Marília. Cheguei ontem, sim, Marília.
 Tudo escuro. Mas não tinha um relógio ali na cabeceira? Pronto, olhei e os ponteiros fosforescentes me pareceram tranquilos, cinco horas da madrugada. E antes de me perguntar, o que estou fazendo aqui?, veio a resposta assim com naturalidade, você foi convidada para participar de um curso de Literatura na Faculdade de Letras, dezembro de 1977, lembrou agora?
 Voltei-me para a janela com as frestas das venezianas ligeiramente invadidas por uma tímida luminosidade. Por um vão menos estreito podia entrever o céu roxo. E as asas? perguntei recuando um pouco, pois não acordei com essas

asas? Pronto, elas já voltavam arfantes no voo circular em redor da minha cabeça. Protegi a cabeça com as mãos, calma, calma, não podia ser um morcego que o voo dos morcegos era manso, aveludado e esse era um voo de asas assustadas, seria um pombo?

    Ainda imóvel, entreabri os olhos e espiei. Foi quando o pequeno ser alado, assim do tamanho da mão de uma criança, como que escapou dos movimentos circulares e fugiu espavorido para o teto. Então acendi o abajur. A verdade é que eu estava tão assustada quanto o pássaro que entrara Deus sabe por onde e agora alcançara o teto abrindo o espaço em volteios mais largos. Levantei-me em silêncio e fui abrir as venezianas. O céu ia emergindo do roxo profundo para o azul. Olhei mais demoradamente a meia-lua transparente. As estrelas pálidas. Voltei para a cama.

    Puxei o cobertor até o pescoço e ali fiquei sentada, quieta, olhando a andorinha, era uma andorinha e ainda voando. Voando. Meu medo agora era que nesse voo assim encegada não atinasse com a janela. Na infância eu tinha convivido tanto com os passarinhos, os da gaiola e esses transviados que entravam de repente dentro de casa e ficavam voando assim mesmo como que encegados até tombarem esbaforidos, o bico sangrando, as asas exaustas abertas feito braços, e a saída?!...

    Vamos, pode descer, eu disse em voz baixa. Olha aí, a janela está aberta, você pode sair, repeti e me recostei no espaldar da cama. E a andorinha quase colada ao teto, voando. Voando. Esperei. O que mais podia fazer senão esperar? Qualquer intervenção seria fatal, disso eu sabia bem. Tinha apenas que ficar ali imóvel, respirando em silêncio porque até meu sopro podia assustá-la.

    Voltei o olhar para o pequeno relógio. Mas o que significava isso? Uma andorinha assim solta na noite, voando despassarada no meio da noite, de onde tinha vindo e para onde ia? Ainda estava escuro quando ela entrou e começou a voar coroando a minha cabeça com seus voos obsessivos.

Que continuavam agora no teto numa ronda tão angustiada. E com tantos quartos disponíveis nessa cidade, por que teria escolhido o quarto do hotel desta forasteira?

Inesperadamente ela conseguiu escapar da ronda em círculos e foi pousar no globo do lustre. E ali ficou descansando num descanso inseguro porque as patinhas trementes escorregavam no vidro leitoso do globo, teve que apoiar o bico arfante num dos elos da corrente de bronze por onde passava o fio elétrico.

Vamos, minha querida, desça daí, pedi em voz baixa. A janela está aberta, repeti e fiz um movimento com a cabeça na direção da janela. Para meu espanto, ela obedeceu mas ao invés de sair, pousou na trave de madeira dos pés da minha cama. Pousou e ficou assim de frente, me encarando, as asas um pouco descoladas do corpo e o bico entreaberto, arfante. Ainda assim me pareceu mais tranquila. Os olhinhos redondos fixos em mim. A plumagem azul-noite tão luzidia e lisa, se eu me inclinasse e escorregasse um pouco poderia tocar na minha visitante. Andorinha, andorinha, eu disse baixinho, você é livre. Não quer sair?

Aos poucos foi ficando mais calma, as asas coladas ao corpo. Continuava equilibrada no espaldar de madeira roliça, mudando de posição num movimento de balanço ao passar de uma patinha para a outra. E os olhos fixos em mim. Mas esta é hora de andorinha ficar assim solta? Por onde você andou, hein?

Ela não respondeu mas inclinou a cabeça para o ombro e sorriu, aquele era o seu jeito de sorrir. Apaguei o abajur. Quem sabe na penumbra ela atinasse com a madrugada que ia se abrindo lá fora? Com a mão do pensamento consegui alcançá-la e delicadamente fiz com que se voltasse para a janela. Adeus! eu disse. Então ela abriu as asas e saiu num voo alto. Firme. Antes de desaparecer na névoa ainda traçou alguns hieróglifos no azul do céu.

Véspera dessa viagem para Marília. E a voz tão comovida de Leo Gilson Ribeiro, a Clarice Lispector está mal, muito mal. Desliguei o telefone e fiquei lembrando da viagem que fizemos juntas para a Colômbia, um congresso de escritores, tudo meio confuso, em que ano foi isso? Ah, não interessa a data, estávamos tão contentes, isso é o que importa, contentes e livres na universidade da cálida Cali. Combinamos ir no mesmo avião que decolou sereno mas na metade da viagem começou a subir e a descer, meio desgovernado. Comecei a tremer, na realidade, odeio avião mas por que será que estou sempre metida em algum deles? Para disfarçar, abri um jornal, afetando indiferença, oh! a literatura, o teatro. Clarice estava na cadeira ao lado, aquela cadeira que comparo à cadeira de dentista, cômoda, higiênica e detestável. Então ela apertou o meu braço e riu. Fique tranquila porque a minha cartomante já avisou, não vou morrer em nenhum desastre! E o tranquila e o desastre com aqueles *rrr* a mais na pronúncia que eu achava bastante charmosa, *desastrrre*!

Desatei a rir do argumento. A carrrtomante, Clarice?... E nesse justo instante as nuvens se abriram numa debandada e o avião pairou sereníssimo acima de todas as coisas, Eh! Colômbia.

La Nueva Narrativa Latinoamericana. No hotel, os congressistas já tinham começado suas discussões na grande sala. Mas essa gente fala demais! queixou-se a Clarice na tarde do dia seguinte, quando então combinamos fugir para fazer algumas compras. Na rua das lojas fomos perseguidas por moleques que com ar secreto nos ofereciam *aquelas coisas* que os brasileiros apreciam... Corri com um deles que insistiu demais. Já somos loucas pela própria natureza, eu disse. Não precisamos disso! Clarice riu e com o vozeirão nasalado perguntou onde ficavam as lojas de joias, queríamos ver as esmeraldas, *Esmerrraldas*!

Quando chegamos ao hotel, lá estavam todos ainda reunidos naqueles encontros que não acabavam mais. Mas esses escrrritores deviam estar em suas casas escrrrevendo! — resmungou a Clarice enquanto disfarçadamente nos encaminhamos para o bar um pouco adiante da sala das *ponencias;* a nossa intervenção estava marcada para o dia seguinte. Quando eu devia começar dizendo que *literatura no tiene sexo, como los ángeles.* Alguma novidade nisso? Nenhuma novidade. Então a solução mesmo era comemorar com champanhe (ela pediu champanhe) e vinho tinto (pedi vinho) a ausência de novidades. Já tinham nos avisado que o salmão colombiano era ótimo, pedimos então salmão com pão preto, ah, era bom o encontro das escritoras e amigas que moravam longe, ela no Rio e eu em São Paulo. Tanto apetite e tanto assunto em comum, os amigos. A dificuldade do ofício e que era melhor esquecer no momento, a conversa devia ser amena, que os problemas, dezenas de problemas!, estavam sendo discutidos na sala logo ali adiante. No refúgio do bar, apenas duas *guapas brasileñas* com pesetas na carteira e com muito assunto. Clarice queria a minha opinião, afinal, quem era mais indiscreto depois da traição, o homem ou a mulher?

Lembrei que *nos antigamentes* (assim falava tia Laura) a mulher era um verdadeiro sepulcro, ninguém ficava sabendo de nada. Século xix, início do século xx, *Silencio en la noche*, diz o tango argentino. Ainda o silêncio porque segundo Machado de Assis, o encanto da trama era o mistério. Na minha primeira leitura (é claro, *Dom Casmurro*) confessei ter achado Capitu uma inocente e o marido, esse sim, um chato neurótico. Mas na segunda leitura mudou tudo, a dissimulada, a manipuladora era ela. Ele era a vítima. Clarice pediu cigarros, eram bons os cigarros colombianos? Franziu a boca e confessou que sempre duvidou da moça, Mulher é o diabo! exclamou e desatei a rir, a coincidência: era exatamente essa a frase daquele engolidor de gilete do meu conto "O Moço do Saxofone". Acho que agora elas já estão exagerando, não? Os homens verdes de medo e elas as primeiras a alardear, Pulei a cerca!... Mulher é o diabo!

Quando saímos, os congressistas já deixavam a sala de reuniões. "Olha só como eles estão fatigados e tristes!", ela cochichou. E pediu que eu ficasse séria, tínhamos que fazer de conta que também estávamos lá no fundo da sala. Ofereceu-me depressa uma pastilha de hortelã e enfiou outra na boca, o hálito. Entregamos os nossos pacotes de compras a uma camareira que passava e Clarice recomendou muito que a moça não trocasse os pacotes das *corbatas*, na caixa vermelha estavam as *corbatas* que ela comprara, a camareira entendeu bem?

As recomendações de Clarice. No último bilhete que me escreveu, naquela letra desgarrada, pediu: Desanuvie essa testa e compre um vestido branco!

Um momento, agora eu estava em Marília e tinha que me apressar, o depoimento seria dentro de uma hora, ah! essas demoradas lembranças.

Quando entrei no saguão da Faculdade, uma jovem veio ao meu encontro. O olhar estava assustado e a voz me pareceu trêmula, A senhora ouviu? Saiu agora mesmo no noticiário do rádio, a Clarice Lispector morreu essa noite!

Fiquei um momento muda. Abracei a mocinha. Eu já sabia, disse antes de entrar na sala. Eu já sabia.

Durante Aquele Estranho Chá

No centenário de nascimento de Mário de Andrade (São Paulo, 9 de outubro de 1893) pediu-me Fábio Lucas uma carta. E esclareceu, seria um depoimento que faria parte de uma coletânea de manifestações dos que guardavam alguma lembrança desse modernista que "fez da correspondência o principal veículo de suas ideias renovadoras".

Aceitei depressa demais a tarefa de revisitar aquela tarde nos idos de 1944 e agora esta perplexidade. Mas o que dizer de novo sobre esse Mário de Andrade com o qual tive apenas uma conversa durante o chá, conversa, por sinal, estranhíssima. Tudo o mais foram ligeiros encontros em festividades literárias com suas diluídas *tertúlias*, como dizia Oswald de Andrade com aquele risinho irônico. Sobre ambos já foi dito e escrito tudo. Ou quase tudo, por que insistir?

Nessa idade de ouro, quando eu não sentia sequer o cheiro do próprio, eram os dois modernistas os deuses da chamada intelectualidade paulistana. Assim como lá no Rio era cultuada a parelha dos poetas Carlos Drummond de Andrade e Manuel Bandeira, tão inseparáveis nas citações que lembravam os santinhos gêmeos, São Cosme e São Damião.

Mário e Oswald. Em redor, a dança dos satélites rodopiando deslumbrados e eu no meio. Marcada especialmente por Mário de Andrade que me parecia mais confiável com seu clima que tinha qualquer coisa de místico. Já Oswald de Andrade me dava assim um sentimento meio inquietante: eu era uma jovem estudante de Direito do Largo de São Francisco e lera há pouco o conto de William Saroyan, *Moço Audaz no Trapézio Voador*. Então sonhava, às vezes, em me atirar no espaço, a moça audaz sem rede, sem nada. Ingênuas divagações que só prosseguiam romanticamente no escuro das salas de cinema com aqueles ousados filmaços de amores impossíveis. A repressão local. E o medo, estávamos em plena Segunda Guerra Mundial.

A solução era sonhar no particular e ir executando as tarefas cotidianas na tal *Pauliceia Desvairada*. Mas desvairada para ele, Mário de Andrade, porque para mim esta cidade era a mais bem-comportada do planeta.

Foi o que comecei por lhe dizer durante aquele nosso estranho chá na Confeitaria Vienense ao som de violinos e piano. O céu tão limpo e o terno de linho de Mário de Andrade era tão branco. Lá sei se estou sendo exata com os fatos, mas as emoções, essas sim, são as mesmas que passo a narrar em seguida. A ênfase com que respondia às suas perguntas, lisonjeada com tanta curiosidade. Comecei por dizer que a minha ousadia, tudo somado, se resumia nisso, assumir a minha vocação.

Ele estranhou, mas eu falei em *ousadia*? Tomei meu gole de chá: escrever não era considerado um ofício de homem? Ter entrado para uma escola masculina como a Faculdade de Direito, não era também desafiar um preconceito? Nos vestibulares, entraram cerca de duzentos rapazes e seis ou sete mocinhas... No curso, matérias tão *fortes* que o professor de Medicina Legal, antes de começar certas aulas, chegava a advertir que se as moças quisessem sair, podiam sair, nenhum problema.

Mário de Andrade achou muita graça, E vocês saíam mesmo?

A conversa sem rumo, fluindo na tarde mansa, cheguei a me espantar de repente, por que confiava assim nele, eu que era bastante desconfiada. Conhecer e amar seus contos e suas poesias significava conhecê-lo? Já tinha tirado minhas luvas e agora me mostrava sem orgulho: uma mocinha da classe média em decadência, aquela história antiquíssima, Avô rico, Filho doutor e Neto mendigo. O Neto era eu.

Ele ouvia com um meio sorriso, o grande queixo apoiado na mão comprida, as unhas muito limpas. Como brilhavam seus olhos através das grossas lentes dos óculos! Para me consolar (descobri depois) queixou-se também de certas dificuldades financeiras. Queixou-se ainda dessa incrível timidez que, como eu, procurava disfarçar mas tão desastradamente que ficava parecido com certa personagem de um certo conto que ia quebrando os potes e depois não sabia onde esconder os cacos — nos bolsos?...

Atalhei-o, ah, mas essa não era aquela personagem do conto que lhe enviei? Ele fez uma cara maliciosa, estava apenas querendo mostrar como lera atentamente a minha imatura ficção.

Para situar Mário de Andrade naquele tempo e espaço, eis-me aqui tentando situar a mim mesma: ele telefonara sugerindo o chá, queria me entregar a carta que havia escrito. Era um feriado, nem aulas nem expediente na repartição pública onde eu era uma pequena funcionária.

Fiquei tão contente com o telefonema que minha mãe também se animou enquanto eu ajeitava a boina diante do espelho, Ele é solteiro? ela perguntou. Ele é velho, respondi. Mas é um escritor importante, pode me ajudar. Ela pareceu satisfeita mas não muito: sofrera uma grave operação e tinha medo de morrer antes de me ver casada. Ou ao menos *encaminhada*, como se dizia na época.

A época. É bom insistir, Segunda Guerra Mundial, meus colegas expedicionários lutavam na Itália e nós, as meninas da Faculdade de Direito e da Faculdade de Filosofia, sob a responsabilidade da 2ª Região Militar, fundamos a Legião Universitária Feminina da Defesa Passiva Antiaérea.

A coisa então é mesmo séria, observou minha mãe quando me viu chegar vestindo a severa farda cinza-chumbo (no estilo militar) para fazer a ronda noturna em noite de blecaute. Para aliviar a tensão, fiz minha continência em meio de caretas porque sabia bem o que ela estava pensando, E se o Eixo vier nos bombardear?!

Não veio. Veio, sim, naquela tarde a polícia montada para dissolver a passeata dos estudantes contra o Estado Novo, esse bem mais próximo do que o Eixo.

Mário de Andrade pediu detalhes. Contei então que saímos em silêncio, levando tão solenes a bandeira brasileira e o estandarte do Centro Acadêmico XI de Agosto. Então, inesperadamente apareceu a polícia montada a disparar suas metralhadoras. Lembro que o ruído dos cascos dos cavalos nas pedras já ensanguentadas era bem mais terrível do que o som fagueiro do teque-teque das balas.

Com fúria Mário de Andrade fechou os punhos, ô! Getulio, Getulio! exclamou. Tomou um largo gole de chá e interrompeu o meu discurso exaltado, queria contar uma história engraçada, passeava no centro com um amigo, era noite. Começou então o som desesperado das sirenes, blecaute? Blecaute. Repentinamente as luzes foram se apagando. Pararam ambos diante de uma vitrine apagada quando surgiu da escuridão uma mocinha fardada, legionária de quepe, luvas brancas e apito. Estava muito brava quando acendeu o farolete bem na cara desse amigo que fumava: Ou o senhor apaga já esse cigarro ou considere-se detido!

Meu amigo então pediu perdão e apagou correndo o cigarro, Mário de Andrade acrescentou. Rimos gostosamente enquanto ele pedia mais torradas ao garçom de *smoking* e costeletas. Na verdade eu estava querendo mesmo um bom sanduíche, vivia sempre ansiosa naquela magreza sem tempo e sem dinheiro para as tais refeições tradicionais. A solução foi polvilhar mais sal nas torradas finíssimas, tudo era finíssimo naquela Confeitaria Vienense em plena Rua Barão de Itapetininga. Poucos passantes e bem calçados, chapéu de feltro. Até os jovens estudantes de gravata — mas por onde andava o povo? O povão. E os camelôs? E os pedintes? Passantes e garçons, todos finíssimos ao som do piano e dos violinos tocando valsas latejantes, eu mesma ali latejando diante daquele mito grandalhão e lustroso com seu sorriso e terno branquíssimo, o ar de um anjo da guarda complacente. Bom.

Disse-lhe isso mesmo em meio daquela conversa destramelada, que ele parecia um anjo. Qual o quê! os anjos são bonitos, protestou. E tirou a carta do bolso. Olha aí, li seus contos e escrevi isto, gostei, sim, mas não se assuste que sou o animador mais desanimador do mundo.

Quis ler a carta e ele não deixou — que eu a lesse em casa, queria saber agora por que eu escolhera Direito e não Filosofia. Com essa minha vocação não era natural que eu procurasse matérias mais *platônicas*?... Expliquei, escolhi Direito porque poderia ocupar um dia o cargo de consultor jurídico do Estado, o ordenado era bom. Falhando a nomeação, podia ainda trabalhar num escritório de advocacia, alguns colegas mais velhos ganhavam bem no ramo, criminologia. Suspirei fundo. Na realidade, eu queria apenas escrever, quem sabe? Mas devia ser uma vidente porque já estava sabendo que nunca o ofício de escritora seria o meu ganha-pão.

Ele concordou. E começou a bater suavemente as pontas dos dedos na mesa, marcando o compasso da valsa, Por acaso eu sabia que valsa era aquela? *Danúbio Azul*, arrisquei. Mas ele já enveredava por outro caminho, tanta curiosidade. E generosidade, descobri isso depois. Encarou-me meio rindo, e se eu estivesse me intoxicando com tanta política e tanta leitura?! Ainda não falara em amor, E o namorado, menina?!

    Desviei para o bule de chá o olhar confundido, esse assunto não, não hoje! Disfarçadamente limpei os farelos na toalha de linho e desatei a falar nos russos, não podia negar, gostava demais de Dostoiévski e de toda aquela raça. Tinha paixão também pelos nossos românticos. E paixão ainda (encarei-o) pelos seus contos e pela sua poesia, ô! aquele poema da Serra do Rola-Moça, maravilha! E comecei a recitar, sabia o poema inteiro.

    Levantou a mão e me atalhou, suplicante: Ouça, o que é mais importante para você, ser considerada mais bonita ou mais inteligente? Respondi sem pestanejar: Mais inteligente! Então ele riu o riso mais comprido daquela tarde, ah! como eu era bobinha! Livresca e bobinha. A beleza é tão importante, menina. Sei o que estou dizendo, eu que sou um canhão!

    Foi só impressão minha ou vi passar uma nuvem pela sua fisionomia? E logo me pareceu de novo satisfeito enquanto tirava um livro do bolso, *Macunaíma*. Ao fazer a dedicatória com aquela letra azul e meio deitada, quis saber de repente se eu conhecia o poema "Ainda uma Vez, Adeus!", de Gonçalves Dias. Conhecia? Ah, era sem dúvida o mais belo poema de amor da nossa língua, esse sim, eu devia decorar.

    Na rua, nos abraçamos afetuosamente. Avisou que ia viajar mas quando voltasse, quem sabe retomaríamos aquela desalinhavada conversa, hein? Então eu disse que morava com a minha mãe bem próximo dali, num apartamento na Rua Sete de Abril. Ela era pianista, tínhamos um antigo piano que o meu avô mandou buscar na Alemanha. Um Bechstein? ele perguntou entusiasmado. Claro, gostaria de tocar nesse piano.

Anoitecia. A primeira estrela já se mostrava no céu de um azul suave. Ajeitei no ombro a tira da minha bolsa com o livro e com a carta e fui indo devagar pela rua quase vazia.

No dia seguinte, na maior emoção levei a carta para exibi-la a dois colegas da Faculdade. Mas acabei por perdê-la numa das salas de aula e nunca mais.

Papel Quadriculado

Jean-Paul Sartre e Simone de Beauvoir. A minha emoção diante do casal de escritores ali na minha frente, tomando um aperitivo e comendo castanha-de-caju antes do almoço em casa do editor Barros Martins. Vieram conhecer o Brasil, ano de 1960?

Ele, meio amarfanhado e feio mas de uma feiura rara porque assim envolvente, eu poderia chamar de feiura sedutora. Cachimbo aceso. Acesos os olhos saltados, olhos azuis de aquário com as pequenas veiazinhas vermelhas e então me lembrei, durante algum tempo ele confessou estar sendo perseguido por lagostas, estavam na moda as experiências com alucinógenos.

Simone de Beauvoir tinha o ar bem-comportado de uma senhora discretamente vestida, os traços finos guardando ainda a memória da juventude: cabeça pequena de aristocrata e corpo um tanto atarracado de camponesa. O olhar dele era assim desprendido, flutuante mas o olhar dela era atento. E intenso.

Ficção e filosofia. Os ficcionistas e pensadores existenciais. Enquanto mordiscava uma azeitona, concluí que eu o preferia como romancista.

Nesse primeiro encontro (e nos contatos seguintes) ela me pareceu interessada apenas na condição da mulher brasileira: uma pesquisadora de curiosidade inesgotável. Afunilando, às vezes, o túnel da investigação em torno de certos temas, o interesse pela ditadura Vargas, como os jovens reagiram durante esse processo? E como a mentalidade brasileira interferiu no processo da minha profissão de escritora?

Simone de Beauvoir (que belo nome!) perguntava muito e ouvia. Mas não disfarçava a impaciência se alguém trazia algum aspecto folclórico que o brasileiro gosta tanto de mostrar ao turista, não, ela pedia apenas a face mais profunda do país sem o carnaval e sem o futebol.

Durante alguns dias o casal desapareceu do meu horizonte, cumprindo um programa demasiado longo para tão curta estada, será que gostariam mesmo de ver as cobras do Butantã? Enfim, por que não? O escritor William Faulkner até que se mostrou bastante interessado nelas, ele que se apresentava também como fazendeiro. Coisas. Sei que eles pareciam infatigáveis naqueles debates que varavam a noite. Interessados em conhecer também o interior, rumaram para a Faculdade de Araraquara, entrevistas com os estudantes. Visita à fazenda da família Mesquita, em Louveira, tinham interesse em conhecer uma propriedade rural de primeira classe.

Nos intervalos, as tais reuniões sociais que pareciam abominar e nas quais, ainda assim, compareciam pontualmente. Quando pensei que não voltaria a vê-los, imprevistamente ela me telefonou, poderíamos marcar um jantar? A jornalista Helena Silveira queria fazer com ela uma discreta entrevista e assim acabou entrando no esquema. Fomos a um pequeno restaurante italiano, tinha dito que gostava de massas. O castiçal com a vela no centro da mesa iluminava seus grandes olhos claros, de cantos ligeiramente caídos. O mesmo *blazer* preto e na cabeça o apertado e estreito turbante preto, que deixava entrever na nesga os cabelos castanhos, com fios brancos. Maquiagem levíssima. Joias? Pequenos brincos de ouro fosco e anel com a bela pedra de âmbar.

A pergunta inesperada: o povo deste Terceiro Mundo, mesmo vagamente, teria tomado conhecimento do existencialismo? Por sorte entrou no restaurante um intelectual conhecido da escritora e a conversa tomou o rumo das estrelas. Enquanto eu ria lá por dentro, o povo? Ah, sim, foi um sucesso a marchinha daquela Chiquita Bacana que se vestia apenas com uma casca de banana, liberdade total, não?... A letra resumia a doutrina, *Existencialista com toda razão/ Só faz o que manda o seu coração!* Minha empregada, Valda, cantava o dia inteiro, *Existe na lista com toda razão...* — eh! Brasil.

Nas vésperas da partida do casal, combinamos um encontro, ela queria me oferecer seu último livro publicado aqui e em tradução de Sérgio Milliet, *Todos os Homens São Mortais.*

Mostrou muito interesse em conhecer o meu trabalho. Nessa altura, em francês e ainda datilografado, tinha apenas *Ciranda de Pedra*, o romance que o padre Eugène Charbonneau, um canadense, tinha traduzido. Ela insistiu, queria ler, eu não poderia tirar um xerox da cópia?

Não era mulher de querer parecer delicada, disso eu já sabia. Então tirei a cópia, enfiei o maçarote no envelope e me dirigi ao encontro marcado no hotel. Meio arrependida, que bobagem, ela pedira um livro que não ia ler nesse desconforto, é claro. Retribuição de gentileza de visitante que sobe no avião e esquece. Não era do gênero assim superficial mas parecia tão ocupada, confessou que estava terminando dois livros... Mudando o que deve ser mudado, lembrei de William Faulkner que esteve por aqui no encontro internacional de escritores. Naquele seu discreto pileque ele foi aceitando os livros dos nossos poetas e prosadores, ah! era um homem afável com aquele digno sorriso sulista embutido no bigode. E deixou tudo dentro de uma surrada sacola de lona no apartamento que ocupou no Hotel Esplanada. Antes de entrar no avião, ainda no aeroporto de São Paulo, perguntou ao intérprete, Mas isto aqui não é Chicago?... Então o porteiro do hotel telefonou para o presidente do congresso, Aquele senhor americano esqueceu no apartamento uma sacola cheia de livros, para onde devo remeter essa livrarada?

Comecei a rir de mim mesma enquanto atravessava a Praça da República com o maçarote do romance na tradução do francês canadense. Envelope pesado, não? Impressionante como o pensamento pesa naquela hora da pesagem no aeroporto. E se deixasse o envelope com o seu conteúdo ali esquecido num dos bancos do jardim? Ainda assim, arrisquei, vamos apostar? Levo o livro até o hotel e pronto, melhor ainda se o casal não estiver. Imaginá-lo esquecido numa poltrona era menos deprimente do que deixá-lo ali no banco de pedra da praça.
Alguns dias depois, a carta de Simone de Beauvoir. Veio num papel todo quadriculado, o curioso papel que me fez pensar nos antigos cadernos de aritmética da minha infância e onde eu deixava cada número dentro do seu quadradinho — mas não era mesmo extraordinário? O papel disciplinado e a letra tão rebelde, difícil, num estiramento de libertação no papel com as fronteiras dos quadradinhos azuis. Quer dizer que me enganei? Não só tinha levado o livro mas confessava, gostou do livro, ah, gostou sim, lamentava apenas que essa não fosse uma tradução no francês parisiense.
Meu gato veio miando, queria mais leite. Enchi a tigela até a borda. Era um amado gato sem raça nem caça e por isso o que fiz na sua cabeça solicitante não foi uma carícia, foi um agrado.

Dez anos mais tarde, em Paris, fui visitá-la no pequeno apartamento no Odéon. Deixou o recado com o porteiro, tinha saído mas não demorava, que eu entrasse.

Era um apartamento aconchegante e de muito bom gosto com seus pufes e poltronas, as paredes forradas de estantes. Livros e objetos nas prateleiras dessas estantes de madeira clara. Muitos retratos, memória dos países que o casal tinha percorrido, presença da luta. Do sofrimento e do amor.

"O passado é uma roupa que não se veste mais", alguém escreveu e fiquei pensando, eis aí uma roupa que não deve ser posta de lado.

Ela chegou enquanto eu examinava uma bela gravura chinesa. Desculpou-se pela demora e pela vaga desordem, a empregada não tinha aparecido. Fazia frio, ofereceu conhaque. Sim, vivia só. Solidão? Sim, sentia às vezes uma certa solidão embora Sartre morasse um quarteirão adiante, separados mas juntos, viam-se quase diariamente.

Almoçamos num restaurante do bairro, o sol delicado a se infiltrar por entre a folhagem das grandes árvores. Achei-a mais magra com seus claros olhos de cantos caídos, o apertado turbante de lã do mesmo tom do casaco de couro e as botas do mesmo tom esbraseado da folhagem. Pouca gente no bistrô modesto. O garçom tratou-a com respeitoso afeto, devia ser uma presença constante na casa. Abriu a grande bolsa e tirou de dentro o livro que me ofereceu, *La Femme Rompue*. Cortou com um gesto o agradecimento que ensaiei fazer e com aquela letra sem fronteiras, fez a dedicatória. Em seguida, olhou firme nos meus olhos e assim inesperadamente fez a pergunta, Você tem medo de envelhecer?

Baixei a cabeça e fiquei muda, pensando. Na realidade, começava a ensaiar a resposta naquele meu francês tropeçante, cheio de curvas e ela preferia a linha reta. Tocou de leve na minha mão, Então está com medo.

Espera um pouco, eu não disse isso, comecei por contestar mas tão fracamente que ela sorriu enquanto consultava o cardápio. Aconselhou-me o melhor prato da casa. E começou a falar pausadamente, que nada me escapasse enquanto ia acertando suas ideias: todo aquele que faz o elogio da velhice, esse não pode mesmo amar a vida, não pode amar a vida.

Ausência de Deus nessa obra. E a presença da fragilidade da condição humana, ah, tanta fragilidade. A insegurança. O medo. E o espanto diante da velhice que rápida ou lentamente vai nos levando para o fim.

A obsessão pelo culto do corpo na esperança feroz (vaidade das vaidades!) de que esse corpo consiga resistir até o infinito. A obsessão pelo culto da arte com a esperança feroz (vaidade das vaidades!) de que a arte, segundo Ernest Becker, seja a negação da morte.

Revejo Simone de Beauvoir com aquele olhar tão sério e tão inquisidor, perguntando. Perguntando. E na obra da escritora está a sua tranquila resposta, obra inteira estruturada na certeza de que a imortalidade seria a morte da própria vida. Só a ideia de que vamos morrer um dia, só essa ideia pode fazer a nossa existência mais feliz.

O Profeta
Alado

Início dos anos 60, Rua Sabará, oitavo andar, fundos. Em companhia de Paulo Emílio, do meu filho Goffredo e dos gatos — nesse pequeno apartamento fui testemunha e participante do ardente desabrochar do Cinema Novo.

O Cinema Novo brasileiro. Paulo Emílio era então o líder intelectual desses jovens (e de outros mais jovens ainda) com as suas pesadíssimas sacolas dependuradas no ombro, as roupas amassadas, a cabeleira acesa: Glauber Rocha, Paulo César Saraceni, Carlos Diegues, Gustavo Dahl, David Neves...

Eram tantos os cineastas, tantas cabeças fervilhando de ideias mas sem a máquina na mão porque era a hora da conversa. Hora das discussões, dos projetos, dos debates que varavam a noite. As queixas, as perplexidades. E o sonho. O sonho.

Naquela pequena sala com o piano antigo, a mesa, os livros e os gatos — naquela sala vi e ouvi o fluxo e refluxo dos pioneiros de um cinema de revolução e ruptura, o esperançoso e já desesperado cinema que nascia com medo de não sobreviver num país cultural e economicamente colonizado.

Terceiro Mundo? Terceiro Mundo. Muita fumaça, os cigarros. Muito café. Às vezes, vinho tinto para aquecer um pouco, o frio. As conversas girando em torno do desafio maior, o dinheiro. Contudo, a esperança no pão cortado em fatias, tanto apetite e tanta paixão: a imagem e a palavra. Cinema e literatura, uma coisa só, aprendi com Paulo Emílio.

Quando dei acordo de mim, já estava envolvida mas essa é uma outra história, agora queria falar apenas no jovem baiano de cabeleira encaracolada e olhos ardentes, a voz misteriosamente doce: Glauber Rocha, que poderia repetir Castro Alves, *Eu sinto em mim o borbulhar do gênio!*

Alguns anos depois, fomos encontrá-lo em Paris, ficamos hospedados no mesmo hotel no Boulevard Saint-Germain. Glauber Rocha de camisa aberta no peito (era verão) e acompanhado, eu quis dizer, apaixonado. Como esquecer aquela tumultuada entrevista? A imprensa e a televisão em peso para ouvir e ver o jovem cineasta brasileiro encachoeirado e dramático, tentando esclarecer o seu cinema.

Armou-se a mesa lá na frente com Paulo Emílio como mediador. Tanta curiosidade, a sala ficou repleta, mais gente chegando e se acomodando no chão. Com seu raciocínio de pensador e o francês perfeito, Paulo Emílio ia fazendo suas intervenções no sentido de ajudar a desfazer aquele espetaculoso nó que era Glauber Rocha. Conseguiu?

Mas espera, ainda estamos no Brasil, o sucesso em Paris ainda era uma promessa quando fomos ver naquela noite *Deus e o Diabo na Terra do Sol*. Entendi então o que Paulo Emílio queria dizer quando se referia a Glauber Rocha: sertão e mar. Realidade e sonho. Loucura e lucidez de um menino profeta convulsionado e convulsionante. Um profeta?

O Profeta Alado, assim Paulo Emílio o chamou. E um profeta de asas não tem mesmo, é claro, nenhuma obrigação de acertar sempre. Nenhuma obrigação de ser coerente nessa sua trajetória irregular, sem dúvida, mas impregnada de uma singularidade que fazia dele um ser humano raro.

A paixão pela literatura transbordava nos livros da sacola de lona e couro que trazia dependurada no ombro, tinha sempre alguns livros nessa sacola de caminheiro. E fazia comentários sobre esses autores, tantos planos de roteiros: Graciliano Ramos, Jorge Amado, Euclides da Cunha, Carlos Drummond de Andrade, José Lins do Rego...

"O Brasil se interessa pouco pelo próprio passado. Essa atitude saudável exprime a vontade de escapar a uma maldição de atraso e miséria", escreveu Paulo Emílio. Pois foi justamente essa a maldição que Glauber Rocha assumiu com tanta coragem nesse seu cinema de questionamento e de busca. Ansiosa busca da própria face transferida para a face da pátria, o grande amor colérico.

No livro *O Mito da Civilização Atlântica*, a ensaísta Raquel Gerber fala nesse jovem cineasta intelectual que "buscava o país e suas referências de origem através de sua própria memória".

A revelação do social através do sujeito. E que sujeito era esse? O vidente descabelado e afetado, um criador em estado puro, empenhado numa busca na qual acabou por se queimar inteiro até o fim. Dentro do clima dos românticos (Glauber Rocha era um romântico), ele falava muito na morte que foi uma verdadeira obsessão em toda a sua latejante obra.

Da Amizade

É possível falar em Hilda Hilst sem falar em todo esse nosso tempo de juventude e maturidade? "Não é maturidade, querida, é velhice mesmo", ela me corrigiu rindo. Está anotada a observação, vamos lá, eu dizia que é difícil fazer um depoimento que envolve memória e imaginação, essa constante invasora. Mas aceito o desafio, com os críticos ficará a tarefa da análise da sua vasta obra em prosa e verso, cuidarei apenas de alguns flagrantes deste nosso antigo laço que há tanto vem nos ligando. Mais apertadamente, em algumas ocasiões, de forma mais frouxa em outros momentos, ah! o tempo e o espaço desta longa travessia. Algumas tempestades. E de repente, a calmaria, "navegar é preciso!". Navegar e viver. O que a gente vem fazendo com maior ou menor disposição, não importa, o importante é manter viva lá nas profundezas a chama da fidelidade.

Fidelidade é qualidade de cachorro, sei disso porque passei a minha infância em meio da cachorrada, os gatos vieram depois. A Hilda (dezenas e dezenas de cachorros) também conhece a espécie sem mistérios. Sabemos que eles nos amam com igual amor na riqueza e na pobreza, o que não acontece muito (ai de nós!) na espécie humana. Foram infinitas as conversas que tivemos envolvendo essa matéria e amigos comuns, na maioria, escritores como nós. Continuam também até hoje, sem parar, nossas reflexões sobre Deus e sobre a morte. Com os livros sempre na proa dessa travessia de vocação e de vida, tantos lançamentos. Tantos congressos e tertúlias mais secretas, ainda nos antigos moldes. Festas, muitas festas. Poucos velórios, afinal, mesmo os mais velhos do grupo continuavam resistindo bravamente.

Tempo das homenagens, muitas homenagens. E tempo também das brigas, ai! tantas brigas. Tudo somado, alguns dos amigos permaneceram intactos enquanto outros ficaram perdidos no espaço, eu já disse que foi longa a travessia. Que Hilda interrompeu quando decidiu ir morar longe, na Casa do Sol, com o seu belo pátio de mosteiro em terras de uma antiga fazenda, próxima de Campinas.

Mas, espere, ainda estamos em São Paulo, onde a escritora está elegantemente instalada. E amando e escrevendo os seus primeiros livros de poesia. Fazendo sucesso numa Pauliceia que nada tinha de desvairada, ao contrário, os homens andavam engravatados e as mulheres usavam luvas e chapéu, me lembro de tantos chapéus de feltro ou palha, as românticas abas largas escondendo um pouco o rosto. Mas as jovens, essas andavam descobertas.

Hilda Hilst é uma temperamental, ouvi alguém dizer. Mas o que significa isso? perguntaria um moço da geração atual. Vamos lá, eis aí uma palavra que saiu da moda mas que me parece insubstituível: na temperança estaria a qualidade que equilibra e modera os apetites e as paixões. Nessa linha, o temperamental não pode ser um refreado. Um comedido. Consegue se conter até certo ponto mas de repente (os impulsos) abre as comportas e solta os cachorros! Pode ser moderado alguém com uma obra tão flamante? Pode ser temperado alguém que escreveu esses poemas ora reunidos na recente coletânea que se chama *Do Amor*?

Pergunto agora, qual o artista verdadeiro que não é temperamental?! O caso é que alguns (por defesa) disfarçam feito o meu gato diante da tigela de leite: ele afetava falta de apetite com aquele ar indiferente, meio distante, mas quando a gente ia ver a tigela estava esvaziada até a última gota. E vamos agora reordenar um pouco essa memória: conheci Hilda Hilst em 1949, numa homenagem que me ofereceram, já avisei, era o tempo das homenagens, eu estava lançando um livro. E a festa era na Casa Mappin, onde serviam almoços e chás que ficaram famosos, até o bar era frequentadíssimo. Eu me lembro, estava conduzindo a bela Cecília Meireles (usava um turbante negro, no estilo indiano) para a cabeceira da mesa quando me apareceu uma jovem muito loura e fina, os grandes olhos verdes com uma expressão decidida. Quase arrogante. Como acontece hoje, eram poucas as louras de verdade e essa era uma loura verdadeira, sem maquiagem e com os longos cabelos dourados presos na nuca por uma larga fivela. Vestia-se com simplicidade. Apresentou-se: "Sou Hilda Hilst, poeta. Vim saudá-la em nome da nossa Academia do Largo de São Francisco". Abracei-a com calor. "Minha futura colega!", eu disse, e ela sorriu. Quando se levantou, bastante emocionada para fazer o seu improviso, ocorreu-me de repente a poética imagem da haste delicada de um ramo tremente de avenca, aquela planta um tanto rara e muito cultivada pelas freiras.

    Hilda Hilst amando e escrevendo, quando ela se apaixonava a gente já sabia que logo viria um novo livro celebrando esse amor. Estávamos então debaixo do sol na Praia de Copacabana. Ela usava um maiô claro de tecido acetinado, inteiriço, os maiôs eram inteiriços, ano de 1952? Lembro que tinha no pescoço um colar de conchinhas. Falou-me dos novos planos, tantos. Nessa tarde, no nosso apartamento da Rua Aires Saldanha, tínhamos marcado, Goffredo e eu, um encontro com alguns amigos, Carlos Drummond de Andrade, Cyro dos Anjos, Breno Accioly, José Condé... Lá estava a Hilda toda de preto, falando em Santa Teresa d'Ávila, a do "amor duro e inflexível como o inferno". Pedi-lhe que dissesse o seu poema mais recente. Então, eu me lembro, Cyro dos Anjos cumprimentou-a com entusiasmo. E voltando-se para mim, em voz baixa, lamentou: "Nunca sou o amado senhor de nenhuma poeta!". E começou a examinar a pequena palma da mão que ela lhe estendeu, ele sabia ler o destino nas linhas da mão.

Hilda Hilst na Rua Sabará no ano de 1973, São Paulo. Levou um disco, queria que ouvíssemos com urgência o bolero *La Barca*. Paulo Emílio (Paulo Emílio Sales Gomes foi o meu segundo marido) sentou-se, acendeu um cigarro e esperou enquanto eu ligava o toca-discos. Antes, Hilda falou no enredo do bolero: a mulher tinha ido embora na tal barca enquanto o amante continuava na praia, batido pelos ventos e tempestades, esperando que depois que ela singrasse *los mares de locura*, voltasse um dia para os seus braços abertos na paixão. "A letra é deslumbrante", informou a Hilda. Confesso que não sei se o bolero era mesmo deslumbrante, sei que deslumbrante foi o livro que o novo amor inspirou.

Tantos acontecimentos na Casa do Sol sob o vasto céu de estrelas. Discos voadores! Não sei mais quem viu em certa noite uma frota desses discos. Vozes de antigos mortos sendo captadas meio confusamente no rádio ou na frase musical de algumas fitas, ouvi nitidamente alguém me chamando, me chamando... Reconheci a voz e desatei a chorar. Novos planos. Novos sonhos. O projeto de formarmos uma espécie de comunidade quando chegasse o tempo da madureza, eu disse madureza? "Velhice!", atalhou a Hilda.

A lareira acesa. E os amigos reunidos nas conversas amenas enquanto estaríamos calmamente bordando nossas almofadas naqueles antigos bastidores, num clima assim dos clássicos dos museus. E agora penso que o importante na amizade talvez seja apenas isso, um tem que achar graça no outro porque nessa bem-humorada ironia está o próprio sal da vida. Quando essa graça desaparece é porque a amizade acabou.

Escolhi como fecho desta fragmentada lembrança um poema da belíssima coletânea *Do Amor*.

XL
Aflição de ser eu e não ser outra.
Aflição de não ser, amor, aquela
Que muitas filhas te deu, casou donzela
E à noite se prepara e se adivinha

Objeto de amor, atenta e bela.
Aflição de não ser a grande ilha
Que te retém e não te desespera.
(A noite como fera se avizinha).

Aflição de ser água em meio à terra
E ter a face conturbada e móvel.
E a um só tempo múltipla e imóvel

Não saber se se ausenta ou se te espera.
Aflição de te amar, se te comove.
E sendo água, amor, querer ser terra.

Mulher, Mulheres

A Revolução da Mulher foi a mais importante revolução do século XX, disse Norberto Bobbio e o professor Miguel Reale. Queria lembrar apenas que não se trata aqui da chamada Revolução Feminista com tantas polêmicas e conotações ideológicas, esse famoso fervor de tantos acertos e desacertos, agressões e egressões demagógicas, ah, o fervor de congressos e comícios beirando a histeria na emocionada busca da liberdade.

Busca bastante difícil com a natural explosão narcisista tumultuando as ideias. Muito ressentimento, ah! muito ressentimento na exagerada agressão contra o primeiro sexo e até contra o próprio, eu me lembro da cara em pânico com que um jovem veio falar comigo, Desde que a minha namorada começou a frequentar aí um centro feminista, começou a ficar com ódio de mim... Os exageros, toda revolução é mesmo exagerada.

Mas a verdadeira revolução à qual se refere o filósofo italiano e o nosso professor, essa teria a cabeça mais fria, digamos. No planejamento e estrutura seria uma revolução mais prudente e mais paciente. Mais obscura, talvez. No entanto, mais ambiciosa na sua natureza mais profunda e que teria seu nascedouro visível no final do século xix para vir a desenvolver-se plenamente no século xx, na Segunda Guerra Mundial. Quando os homens válidos partiram para as trincheiras. Ficaram as mulheres na retaguarda e dispostas a exercer o ofício dos homens nas fábricas. Nos escritórios. Nas universidades. Olha aí as mulheres arregaçando as mangas e indo à luta, para lembrar a expressão que começava a ficar na moda.

A pátria em perigo abrindo os espaços e as mulheres ocupando esses espaços inclusive em atividades paralelas à guerra, desafios arriscados que assumiram com a coragem de tomar para si responsabilidades até então só exigidas ao primeiro sexo.

Oportuno lembrar que em muitos casos essas mulheres demonstraram maior habilidade do que os homens no trato com certas máquinas, uma prova evidente de que as mãos femininas, afeitas aos trabalhos caseiros (as tais prendas domésticas), podiam lidar com uma prensa rotativa com a mesma facilidade com que bordavam uma almofada. Rápidas no aprendizado e estimuladas pela competição, assumiram os mais sofisticados ofícios. Apesar da desconfiança. Apesar do preconceito, indisfarçável preconceito mais visível nos países do Terceiro Mundo embora também no mundo rico continuasse ecoando — e com que ênfase! — a famosa pergunta de Freud com aquela irônica perplexidade, *Mas afinal, o que querem as mulheres?!...*

Da minha parte eu quero apenas entrar para a Faculdade de Direito do Largo de São Francisco, respondi ao meu pai. Lembrei ainda que poderia trabalhar para pagar esses estudos. Quanto aos tais contos que já começava a esboçar, desses me ocuparia nas horas vagas. Mas essa sua reivindicação aconteceu na Idade da Pedra Lascada? alguém pode perguntar. Não, até que não foi tão longe assim, começava a década de 1940 quando a mocinha de boina e peixeira a tiracolo (não a faca mas a rústica bolsa de couro cru dos feirantes) anunciou sua vontade de fazer isto e não outra coisa. A vocação. Hoje parece estranho me deter na circunstância e no sonho da menina classe média ousando um programa diferente mas o fato é que não se desencadeara a avalanche das mudanças dos usos e costumes da nossa sociedade. A rapidez das transformações que vieram com a decadência dos valores tradicionais em nome do progresso técnico e econômico — essas transformações ainda não tinham alcançado o âmago da nossa família empobrecida mas resistindo na sua soberba.

Atenção agora, um foco de luz para a minha mãe, mulher muito inteligente e muito prática e que me inspirou a expressão que costumo usar, *mulher-goiabada*: ela fazia a melhor goiabada do mundo naquele antigo tacho de cobre. Falei-lhe sobre os meus planos. Ela ouviu mas logo ficou apreensiva, Faculdade de Direito, filha? Entrar numa escola de homens, verdadeira temeridade que iria afastar os pretendentes, quem quer mulher que sabe latim? Todo homem tem medo de mulher inteligente, filha. Só os que não pensam em casamento é que ficam amigos da gente, ela advertiu. Sem saber, é claro, que ao seu modo dizia o que já dissera o poeta Baudelaire, *Aimer des femmes intelligentes est un plaisir de pédéraste...* Mas quando a noite baixou ela abriu o piano e ficou de novo animada, ora, se o meu primo que era um perfeito burraldo estava para receber o diploma de doutor, por que não eu? E fez a confidência, duas vezes a sua vocação fora contrariada, quis tanto ser cantora lírica, tinha uma bela voz de soprano. Quis depois continuar seus estudos de piano, o professor Chiafarelli (seria esse o nome?) previa para a jovem aluna um futuro tão brilhante. Suspirou melancólica. E de repente ficou animada, Você pode se casar mais tarde, filha, ou não se casa nunca, e daí? Faça o que o seu coração está pedindo, acrescentou e voltou-se enérgica para o piano, era a hora de Chopin.

E me lembro neste instante do naturalista francês Saint--Hilaire que numa das suas famosas viagens esteve por estes trópicos (tristes?) por volta de 1819. Após a estada numa daquelas antigas fazendas, ouviu o anfitrião, homem muito cordial e educado, pedir desculpas na despedida: se o ilustre visitante não chegou a ver nem sua esposa e filhas era simplesmente por ser esse um costume da terra e que ele precisava obedecer, não, as mulheres da família não podiam ser vistas. Tinha três filhas moças. O casamento delas poderia ser prejudicado se por acaso se mostrassem, mesmo por alguns momentos, ainda que fosse na sala de visitas.

    A mulher escondida. Guardada. Principalmente invisível, a se esgueirar na sombra. Reprimida e ainda assim sob suspeita. Penso hoje que foi devido a esse clima de reclusão que a mulher foi desenvolvendo e de forma extraordinária esse seu sentido da percepção, da intuição, a mulher é mais perceptiva do que o homem. Mais fantasiosa? Sim, embora mais secreta. Mais perigosa! repetiam os tradicionais inimigos da mulher perseguida através dos séculos até o apogeu das torturas, das fogueiras, pois não era a Ânfora do Mal, Porta do Diabo?... Curiosamente foi esse preconceito que acabou por desenvolver nela esse sentido perceptivo, uma quase vidência: na defesa pessoal, a sabedoria da malícia. Da dissimulação. E recorro agora ao meu livro *A Disciplina do Amor* (mas o amor é disciplinado?) que registra o espanto de um crítico literário do século XIX diante de uma poetisa que ousou falar em anseios políticos, mas não era mesmo uma audácia? "É bastante desconsolador, escreveu ele, ouvir a voz delicada de uma senhora aconselhando a revolução. Por mim, desejaria que a poetisa estivesse sempre em colóquios com as flores, com as primaveras, com Deus."
    Século XIX, é bom repetir. E neste nosso século não foi um escândalo quando Gilka Machado ousou escrever sobre o amor sexual naqueles seus flamejantes poemas? Antes, a mulher era explicada pelo homem, disse a jovem personagem do meu romance *As Meninas*. Agora é a própria mulher

que se desembrulha e se explica. Não esquecer que as nossas primeiras poetisas encontraram naqueles diários e álbuns de capa acetinada o recurso ideal para assim registrarem suas inspirações, eram naquelas páginas secretas que iam se desembrulhando em prosa e verso. Vejo assim nessas tímidas arremetidas o nascedouro da literatura feminina, na maioria, assustados testemunhos de estados d'alma, confissões e descobertas de moças num estilo intimista — o chamado estilo subjetivo com suas dúvidas e esperanças espartilhadas como elas mesmas, tentando assumir seus devaneios. Mas quando se casavam, trancavam a sete chaves esses diários porque está visto que segredo saindo da pena de mulher casada só podia ser bandalheira...

Caraminholas, declarou o meu avô apontando o caderno de capa preta onde minha tia-avó, já velhota e ainda virgem, escrevia seus pensamentos de mistura com as anotações dos gastos da casa nos espaços entre o preço da cebola e o caixote de sabão. Confissões sonhadoras feitas com a fina pena de ganso (ou pato) e com tinta roxa, a cor da paixão.

A difícil Revolução da Mulher sem agressividade, ela que foi tão agredida. Uma revolução sem imitar a linha machista na ansiosa vontade de afirmação e de poder mas uma luta com maior generosidade, digamos. Respeitando a si mesma e nesse respeito, o respeito pelo próximo, o que quer dizer amor. Está claro que uma revolução assim recente não tem uma base mais profunda nas massas mas não é o que ocorre em todas as partes do mundo? A mulher-bobina fazendo suas reivindicações com a plena consciência dos seus deveres: a liberdade na escolha do ofício e sem ressentimento, sem rancor como pedia Che Guevara, Endurecer mas sem perder a ternura — é possível isso? É possível que uma vítima do preconceito escolha e aceite o trabalho que lhe cabe sem preconceito? Afinal, se a vocação é cuidar dos filhos, da casa, se ela é feliz como mulher-goiabada, fazer bem a própria me parece uma tarefa tão importante como pintar (bem) um quadro. E agora estou aqui rindo por dentro porque me lembrei do poeta Carlos Drummond de Andrade que desejou fundar o Instituto Nacional da Goiaba e que teria como função principal pesquisar por que a goiaba não aparece mais nesse doce.

Lá naquele início eu falei em paciência. Sim, é preciso paciência. E vontade fortalecida para melhorar a si mesma, o único caminho para melhorar a sociedade. Melhorar o país. Os que vão na frente são os primeiros a levar no peito as rajadas, não foi o que disse Trótski? Foram tantas as que caíram sem socorro e agora lembro (sem rancor!) que também a Igreja não foi solidária com a mulher: algumas como a norte-americana Frances Kissling, que se diz católica, mas partidária do aborto, fez há pouco uma declaração bem-humorada, Minha missão no mundo é atormentar a vida do *papa*.

Não perder a doçura nem o humor e se falei na Igreja devo falar em Jesus que em toda a sua vida e mesmo depois dessa vida terrena foi quem defendeu a mulher. A começar por aquela pecadora que lhe lavou os pés e os enxugou com os longos cabelos. E a quem esse Jesus apareceu pela primeira vez depois da Ressurreição? Segundo o Evangelho de São Mateus, foi para duas mulheres que Ele se mostrou na madrugada gloriosa, Maria Madalena e a outra Maria, mãe de Tiago, foi para ambas que Ele abriu os braços: *Salve!*

A Rosa
Profunda

A primeira vez que o escritor Jorge Luis Borges visitou o Brasil foi por volta de 1970, para receber o importante Prêmio das Américas, oferecido pelo então governador de São Paulo, Roberto de Abreu Sodré.

Eu participava da comissão julgadora desse prêmio tão rico que chegava a emparelhar com o Prêmio Nobel (tantos dólares!) e assim tive alguns contatos com o escritor argentino. Isso principalmente durante as reuniões oficiais e, depois, nas festividades decorrentes da longa celebração.

Já estava quase cego (confessou que vislumbrava apenas as silhuetas) mas tinha a audição muito afiada, me reconhecia de longe pela voz. Conversamos algumas vezes, ou melhor, discretamente eu o provocava, queria saber tanta coisa, e sobre o nosso ofício?! O agudo interesse pela filosofia e pelas viagens. Sim, as pessoas e o avesso delas, o que dizer das pessoas e dos bichos? O que gostaria de dizer sobre os gatos?... Contei-lhe que tinha um casal em minha casa e ele teve aquele ar de secreta cumplicidade, ah, o inalcançável gato que definiu no poema traduzido por Nelson Patriota:

És, sob a lua, essa pantera
Que nos é dado divisar de longe.
Mais remoto do que o Ganges e o poente
Tua é a solidão e o teu segredo.

O último encontro com o escritor sem visão e cheio de visões e aspirações e utopias — esse último encontro teria sido em 1984? Creio que sim, cerca de dois anos antes daquela viagem definitiva. Era o homenageado num grande jantar ainda em São Paulo.

Gente demais. Na confusão, percebi que era mesmo impossível abordá-lo e assim resolvi sair mais cedo, abrindo caminho por entre os convidados que se abriam e se fechavam em vagas como no bíblico Mar Vermelho. Então, de repente, quando já estava próxima da porta, vejo Jorge Luis Borges assim sozinho, calmamente sentado numa cadeira. Tinha as mãos apoiadas na bengala e parecia olhar (sem ver) a porta da saída. Naturalmente aguardava o acompanhante.

Aproximei-me. Ele me reconheceu pela voz. Líria! disse e sorriu. Inclinei-me para apertar-lhe a mão que tremia. Sim, esperava pelo secretário, devia embarcar de volta no dia seguinte.

Eu sabia que não ia vê-lo mais e o tempo tão curto e aquela festa borbulhando em redor. Trocamos algumas palavras. E inesperadamente, fiz a pergunta, o que ele gostaria de dizer assim no feitio de uma despedida, ou melhor, de uma mensagem? Evitara a palavra mensagem e foi a única que me ocorreu.

Ele fixou em mim o olhar de névoa e a larga cara abriu-se numa expressão iluminada: O sonho! ele exclamou. Acreditar no sonho, entregar-se ao sonho porque só o sonho existe. No dia em que meu amigo escritor deixou de sonhar, matou-se. Não suportou a realidade e preferiu morrer, esse meu caro... Caiu um copo por perto e a voz tremida perdeu-se nos estilhaços. Inclinei-me mais para ouvir o nome desse amigo e o rumor que aumentou em redor. Então retornou a voz agora mais nítida: Pois sem o sonho ele preferiu morrer!

Beijei-lhe a mão que segurava a bengala e me afastei, o secretário já se aproximava. Afastei-me assim meio hesitante, e se voltasse para perguntar o nome? O nome desse amigo, era um nome curto que ouvi e não ouvi, e o nome?

A porta envidraçada dava para o jardim. No alto da escadaria, uma jovem cheia de brilhos oferecia aos convidados uma rosa. Prendi a rosa no blazer, olha aí, *La Rosa Profunda*. Pois seria a minha leitura nessa noite, podia até visualizar a lombada vermelha do volume na prateleira da minha estante.

Entrei no táxi. O céu fechado, encoberto pelas nuvens. Mas a minha cabeça estava desanuviada, ah! Jorge Luis Borges. Lembrei-me então de um jovem poeta português, Sebastião da Gama. E tomado da mesma febre:

Pelo Sonho é que vamos
comovidos e mudos.
Chegamos? Não chegamos?
Haja ou não frutos
Pelo Sonho é que vamos.

Ah, que maravilha armar essa ponte de ideias ligando os dois escritores tão distantes no tempo e no espaço. No entanto, próximos através das palavras entrelaçadas no éter.

Mas, e o nome? Daquele que se matou quando deixou de sonhar.

Quando soube que Jorge Luis Borges tinha morrido na Suíça, fiquei lembrando daquela noite. E da expressão de puro encantamento quando exclamou, O sonho! Sim, mas e o nome? Do tal sonhador suicida, e o nome?... Por que o copo ao lado foi cair justo no instante em que disse esse nome que ouvi mas ficou no meu ouvido recôndito, esse ouvido secreto... Mais um mistério nos atalhos e espelhos borgeanos.

    Vésperas deste Milênio. Li *Uma Estação de Amor*, de Horacio Quiroga e telefonei para o escritor gaúcho, Sergio Faraco, tradutor dos contos. Estava tão impressionada, eu já conhecia alguns contos mas agora esse volume me tocara tão profundamente, não era mesmo estranho? Então meu amigo ficou de me enviar outro livro do autor e que também traduzira. Por acaso eu tinha visto a nota biográfica no final do volume?
    Li a biografia e fechei o livro, oh! vida mais estranha e pungente. Agora não tinha mais dúvida, era esse o nome que perdi em meio dos estilhaços do copo, Horácio Quiroga. Não era argentino mas nasceu no Uruguai e acabou indo morar em Buenos Aires onde conheceu Jorge Luis Borges por volta de 1921. Era um excelente escritor cheio de planos mas tão inquieto, um andarilho de ação e não apenas de contemplação. Amores complicados, filhos complicados, enfim, um caçador de histórias e de sonhos. Gravemente doente e sem esperança, em 1937 suicidou-se com cianureto. Tinha 59 anos. Foi velado na Sociedade Argentina de Escritores. Cremado, teve suas cinzas transportadas para o Parque Rodó, em Salto. No velório, entre amigos, Jorge Luis Borges.

Machado de Assis:
Rota dos Triângulos

Embuçado. Caviloso — eis aí duas expressões que estavam na moda e às quais o escritor da Rua Cosme Velho recorreu em algumas ocasiões. O embuçado, diz o dicionário, tem o rosto encoberto por uma parte da capa e essa parte, acrescento agora, seria provavelmente a gola. Caviloso é aquele que exige maior atenção porque pode ser perigoso. *Cave canem!* — era a antiga inscrição na entrada de certas casas romanas, *Cuidado com o cão!* Descartado o cachorro, esse alguém caviloso pode seduzir ou envolver usando de malícia. Ou astúcia. Na penumbra dessas ambiguidades é que vejo um importante traço do estilo machadiano.

Mas não é justo falar em ambiguidade ou imprecisão nessa apresentação dos personagens e das coisas, nenhum esfumaçamento nos diálogos que deixam o leitor assim bem à vontade enquanto avança na leitura descuidada. O texto (conto ou romance) vai fluindo sem mistério, com a naturalidade de um rio. No entanto, na aparente clareza desse rio começam a aparecer, aos poucos, certos coágulos de sombra, um aqui, outro lá adiante... Mas de onde vieram? Esses coágulos. E de onde vem agora essa névoa delicada mas perversa? O personagem vai levantando a gola da capa e a cara exposta já não parece tão exposta assim — mas o que está acontecendo?

As transformações. Eis que a trama, tão evidente na estrutura, vai enveredando por outro caminho e as coisas começam a ficar incertas. Duvidosas. Num movimento de verruma (ou parafuso) o olhar machadiano vai descendo mais fundo, interrogando. Devassando sem dó nem piedade, era um velho costume falar assim, sem dó nem piedade.

O olhar machadiano. No famoso retrato oficial, lá está esse olhar que hoje me parece mais apertado, diminuído sob o cristal do pincenê. E então? Ah, *remexer a alma e a vida dos outros* como ele mesmo definiu esse ofício. Vida que, quase sempre, vai se oferecendo num início de brejeirice meio inocente embora peralta, o escritor gostava dessas peraltices.

Mas sem nenhum aviso, de modo inesperado as coisas tão expostas começam a ficar embrulhadas. Confusas. Nas confusões, os imprevistos. Os acasos. O cotidiano que parecia tão fagueiro vai virando um cotidiano dramático.

Mais um movimento nessa verruma e, de repente, o que era tão funesto pode virar algo até divertido. Provando que nada fica estacionado no tempo, amores e desamores, reconciliações e rupturas — enfim, depois das tempestades e bonanças resta sempre o saldo. O resíduo. Carlos Drummond de Andrade falou desse pouco que fica, *Às vezes um botão. Às vezes um rato.*

O saldo da esperança. Irônico? Concordo, irônico mas de uma ironia leve, bem humorada.

A importância do humor — a melhor coisa que pode acontecer na maturidade, eu quis dizer, na velhice. Ah! o velho bem-humorado, que alívio. Passada a juvenilidade flamante, seria essa a recompensa maior: a paz provisória, embora! mas que vem a ser a trégua antes do fim.

Nessa paz o personagem sossega o pito (ou apito) na cadeira de balanço, muito propícia nessa idade da contemplação. Reencontrar na memória a vida que passou. Ah! mas a vida passada foi só sofrimento? Então, xô!... apagar depressa as lembranças e aceitar os apelos (tantos!) inventados para distrair o homem na difícil busca de si mesmo.

A diferença é que não estamos falando deste mundo novo e no qual chega a ser delirante a quantidade de programas, falamos de um tempo em que os habitantes não tinham mesmo outras escolhas. Então, recorrer à cadeira que veio na herança, é uma cadeira velha mas também é velho esse que vem devagar, ajeita a almofada e se acomoda no assento de palha que geme. Mas resiste.

O relaxamento (distanciamento) que curiosamente estimula a memória na contagem regressiva. Tanta vontade de entender uma porção de coisas que ele não entendeu. E com toda a experiência assim acumulada, hein? Adiantou? E de repente, a aguda vontade de alcançar a infância. E se a chave estiver na infância? A chave que pode abrir as portas dessa velhice trancada. Ele não quer explicações mesmo porque o ser humano não tem mesmo explicação. Mas se pudesse, ao menos, esclarecer alguns fatos que ficaram obscuros. Apenas esclarecer.

A sedução do enredo machadiano e no qual há sempre um narrador tentando (disfarçadamente ou não) enfiar a criança na pele do adulto. Mas a criança também sabe escamotear, dissimular no longo aprendizado com esses adultos. E agora?...

Ainda assim, prossegue a busca obstinada. Mas como era ele (ou ela) lá naquele começo, antes disso tudo?

Pronto, já estou entrando nos triângulos e que podem ser reais. Ou imaginários, esses naturalmente mais complicados. Estou pensando agora em *Dom Casmurro*, é claro. Como era a viçosa menina de tranças e o perplexo menino que ia ser padre? Como eram ambos nas cavernas dessa infância?

Bentinho, que não é velho mas maduro, instalado na sua cadeira (ou fora dela) tenta atar as pontas do tempo, passado e presente. Conseguiu? Atar essas duas pontas! Sim e não, duro demais esclarecer o mistério porque essa infância que parecia tão nítida começa a escapar por entre os dedos, mais embrulhada do que aquele caramelo no papel transparente e tão colado a ele que acabam formando uma coisa só. O que é verdade e o que é mentira?

Bentinho, o foco narrador. Vamos focalizar esse Bentinho, e então? Um neurótico rancoroso ou apenas um homem de boa-fé e que tardiamente descobriu a armadilha armada desde a meninice? Uma infância que a lente da memória fez reviver tão despreocupada, tão cheia de boas intenções. E de repente, o espanto, mas então a memória não é confiável? Confiável ela pode ser, duvidoso é o homem instalado no vértice de cada triângulo.

A solução é entregue ao leitor, este sim, com toda a liberdade de julgar, Ora, vire-se! Machado de Assis poderia dizer com um meio sorriso a esse leitor.

Apesar do humor, em alguns contos e romances o escritor me parece sem a menor misericórdia, cruel ao armar certos triângulos com o Diabo todo satisfeito, mascarado lá no meio. O sofrimento das personagens mordidas pela dúvida. O sofrimento igual (ou maior) daqueles sobre os quais pesa essa dúvida, ah! como vai fundo o dente da suspeita.

Falar em suspeita é falar em Bentinho, o Dom Casmurro aparentemente tão lúcido, buscando juntar as tais pontas. Eu disse aparentemente lúcido porque agora não estou segura de mais nada: às vezes desconfio desse foco narrador, um neurótico perigoso porque imaginoso, urdindo com engenho as pistas que vai oferecendo ao leitor no jogo verdadeiramente atroz. Às vezes desconfio dela, a esperta Capitu. Esperta e calculista, a traição lá dentro da menina assim como o caroço já vem dentro da fruta.

E o que dizer daqueles triângulos apenas esboçados, que nascem e morrem na vaguidão. Anúncios de adultério. No conto "Missa do Galo" há tantas insinuações. Sugestões. Mas não acontece nada. Tudo vai fluindo com inocência na sala de visitas onde o jovem hóspede lê um livro enquanto espera pelo amigo que virá buscá-lo para a missa da meia-noite. A novidade está na anfitriã que sai do quarto e com aqueles olhos noturnos (os trajes também noturnos), fica em volta do jovem feito uma mariposa vadia em volta do lampião. A conversa superficial. Não vai acontecer nada porque o tempo passou e o amigo já está batendo na janela, Hora da missa!

Eh! Machado de Assis sabido e sábio. Vinga-se da pasmaceira com outro triângulo armado e bem armado, "A Cartomante". Então acontece tudo, até tiros bang-bang! certeiros nos amantes estendidos e ensanguentados. Isso apesar dos prognósticos otimistas da melíflua cartomante, não, o marido não desconfiava de nada, *Vá, disse ela; vá,* ragazzo innamorato... Ele foi.

Os amantes expostos e os amantes ocultos. Como o texto fica fascinante quando o escritor acaba por entrar na pele de um desses amantes amoitados *na verdadeira floresta de olheiros e escutas, por entre os quais tínhamos de resvalar com a tática e a maciez das cobras.*

Não esquecer esse outro triângulo (eu disse triângulo?) que se delineia no conto "A Causa Secreta". As três pontas, apesar de estranhíssimas, são nítidas: confuso é o relacionamento dos personagens, ah! tudo tão confuso e dolorido. A frágil Maria Luisa, confinada *na resignação e no temor.* O amigo médico, o sensível Garcia que se agitava quando ela aparecia na familiar rotina da amizade, isso porque *Manso e manso, entrou-lhe o amor no coração*. E o marido também médico, um médico competente e bastante interessado no estudo da anatomia e da fisiologia, ocupado em rasgar e envenenar cães e gatos. Fortunato, esse o nome do marido com aqueles olhos que eram *chapas de estanho, duras e frias*.

Na trama não acontece nada, ou melhor, acontece tudo. E com tamanha força. Não me lembro de ter lido antes uma ficção sobre o sadismo com tal economia de palavras e tanta profundidade.

Queria lembrar aqui duas cenas, não mais do que essas duas cenas: o rato vivo, dependurado no fio de barbante e sendo queimado aos poucos na chama do espírito de vinho ardendo no prato. E Fortunato olhando com aquele *vasto prazer quieto e profundo*, olhando enquanto sem nenhuma pressa ia cortando com a tesoura as patinhas do rato a se retorcer no fogo.

A segunda cena é a do velório de Maria Luisa, ah! não resisto, vamos lá: a jovem senhora acabou por morrer tuberculosa. Já ficou claro que Fortunato não era nem ciumento nem invejoso. E então?!... Ei-lo ali, mordendo os lábios e olhando enquanto Garcia, ainda uma vez, inclinou-se para beijar a morta. Um beijo que *rebentou em soluços, e os olhos não puderam conter as lágrimas, que vieram em borbotões, lágrimas de amor calado, e irremediável desespero*. E o que fez Fortunato? Nada. Continuou olhando imóvel ali na porta, apenas saboreando *tranquilo essa explosão de dor moral que foi longa, muito longa, deliciosamente longa*.

Assim termina o conto A Causa Secreta. Esse velório me faz pensar, é claro, no velório de Escobar: *Dom Casmurro*, ainda e sempre *Dom Casmurro*. Outros os personagens, outras as circunstâncias e lá nas raízes, a mesma natureza humana.

Cena da maior importância a encomendação do corpo de Escobar, lembra? O charmoso Escobar que se afogou quando nadava no mar. A viúva Sancha e o seu desespero.

Os amigos queridos, Bentinho e Capitu. Eis que de repente esse Bentinho (é o narrador) para de chorar quando descobre o olhar de Capitu, um olhar tão apaixonado, fixo no cadáver, fixo no cadáver...

Fortunato e o prazer profundo diante do rato. E do amigo desesperado. Provavelmente ele também sentiria o mesmo gozo quieto se pudesse flagrar o sofrimento de Bentinho vendo o olhar de Capitu no velório, aquele olhar de ressaca assim *como a vaga do mar lá fora, como se quisesse tragar também o nadador da manhã.*

Os triângulos. E os velórios com a presença da morte fazendo baixar as máscaras, não todas, algumas.

Eh! Machado de Assis entrando em cheio no romance realista. Assumindo os riscos decorrentes da nova aventura de enredo e linguagem. Com o narrador Brás Cubas acima de qualquer suspeita porque está morto e na morte a liberdade deve ser total.

O crítico Roger Bastide considerava Machado de Assis um dos maiores paisagistas brasileiros. Assim a terra e o mar estavam presentes nessa obra. Acrescento agora, há uma mulher vestida de água, de céu e de terra representando essa natureza. O nome? Adivinhou, é claro, a dona Capitolina, lembra? O mar dizendo Presente! naqueles olhos verdes: *Traziam não sei que fluido misterioso e enérgico, uma força que arrastava para dentro, como a vaga que se retira da praia, nos dias de ressaca. Para não ser arrastado, agarrei-me às outras partes vizinhas, às orelhas, aos braços, aos cabelos espalhados pelos ombros: mas tão depressa buscava as pupilas, a onda que saía delas vinha crescendo, cava e escura, ameaçando envolver-me, puxar-me e tragar-me.*

Eh! Machado de Assis. Sempre aprontando, diria a minha avó Belmira.

Machado de Assis e as leituras, tanta curiosidade. Ateu confesso, era frequentador da Bíblia com interesse maior pelo Eclesiastes, a denúncia feroz das vaidades.

Um *bruxo alusivo e zombeteiro*, assim Carlos Drummond de Andrade definiu o fundador da Academia Brasileira de Letras. E que parecia ter um bom relacionamento com os "imortais". Entre eles, um contato maior com José de Alencar. Mas Alencar era um romântico que escrevia com ênfase e o tal bruxo zombeteiro evitava a ênfase.

As coisas. Que tristes são as coisas consideradas sem ênfase, escreveu o poeta Drummond. Sem dúvida, é evidente que o nosso escritor devia concordar com isso: sem ênfase a vida piora. A solução foi simples, transferir a ênfase para os loucos, ah! como ele soube lidar com os loucos neste planeta enlouquecido.

Em 1967 o Paulo Emílio e eu escrevemos um roteiro para cinema, *Capitu,* baseado no romance *Dom Casmurro* de Machado de Assis. Esse roteiro, publicado em 2008 pela Editora Cosac Naify, chegou às mãos de um jovem universitário que me procurou com aquela vasta cabeleira encachoeirada e olhar ardente. "Estou escrevendo uma tese sobre *Dom Casmurro,* já li tudo sobre o assunto e o problema é que também nesse roteiro não encontrei nenhuma novidade, a senhora está me compreendendo? Quero algo de novo sobre esse livro do bruxo e não encontro! Queria assim alguma novidade, por pequena que fosse mas alguma novidade!..."

Eis que a esse jovem descabelado que desapareceu completamente eu poderia fornecer hoje uma novidade para a tal tese que ele estava escrevendo. Ainda um foco de luz para o Bentinho e sua paixão por aquela Capitu, paixão que vara o livro inteiro, ele já estava de cabelos brancos e ainda disfarçando, porque a verdade é que não esquecia daquela menina de olhos de cigana oblíqua e dissimulada. Inesquecível também o Escobar, querido amigo desde a adolescência. E eis que esses dois seres que mais amou na vida acabaram se juntando para traí-lo! O leitor pode desconfiar desse Bentinho que é o foco narrador e portanto, elemento suspeito: mas houve mesmo a traição? Essa pergunta não tem resposta, mistério! E vem aquele jovem exaltado querendo novidades num romance assim embuçado. Pois achei a novidade e que novidade é essa? Aí está, a ligação profunda do *Dom Casmurro*, o rancoroso e contido personagem com o personagem principal de um antigo samba carioca, eis aí o que me pediu o jovem, mas alguém já se referiu a isso? Então é uma novidade e agora me lembrei do poema de Manuel Bandeira, ah! o fascinante diálogo do tuberculoso com o médico: o doente sugere um *pneumotórax*, o título do poema, mas o médico dá um suspiro porque a única solução agora é tocar um tango argentino! E daí, partindo desse poema eu me inspirei para dizer ao nosso Bentinho (um velhote casmurro no final do romance) que a melhor solução não será tocar um tango ou um fado mas apenas o samba da dupla Herivelto Martins e Ataulfo Alves, ah! ao som dos tamborins e dos violões, a súplica:

> *Não falem dessa mulher perto de mim!*
> *Não falem pra não lembrar minha dor...*
> *Já fui moço, já gozei a mocidade*
> *Se me lembro dela me dá saudade...*
>
> *Agora em homenagem ao meu fim*
> *Não falem dessa mulher perto de mim!*

É Outono
na Suécia

"Gostaria de tomar mais sorvete e de viajar muito mais do que viajei", respondeu Jorge Luis Borges quando lhe perguntaram o que gostaria de fazer se lhe fosse dada uma segunda vida.

    Sorvete e viagem. No sorvete estaria o prazer inocente da gula com sabor da infância. Tantas proibições, lembra? O sorvete que faz piorar a gripe, o sorvete que engorda... Não quero nem saber, responde o gripado. Ou o gordo lambuzando a boca no creme de morango que começa a escorrer na borda do copinho, depressa que vai pingar na roupa! Então a língua sinuosa e sensual colhe a gota em perigo, ô! delícia.

    Na viagem estaria envolvido um outro fator, a idade e que pressupõe juventude e maturidade, essas coisas comprometidas com o tempo, o insaciável acumulador de problemas. A solução primária seria a evasão. A fuga. Maravilha das maravilhas poder sair por aí na maior liberdade (ilusória, embora!) de poder escapar das chateações reais e existenciais. E que de repente vão-se multiplicando neste verdadeiro vale de lágrimas, segundo a oração. Isso sem falar no prazer puro e simples de satisfazer a curiosidade de conhecer outras terras, outras gentes. A solução? Enfiar na mala velha (aquela guardada no fundo do armário) os problemas mais urgentes, a tal dívida que se complicou, o casamento (que tristeza!) em decadência, o resultado nada brilhante do último exame médico, o crônico bafo de cerveja do filho caçula, a filha (mas é uma menina ainda!) passando o fim de semana com o namorado na praia... Ah, é?! Fechar as cobras e lagartos na malona principal, pegar depressa a mala portátil, aquela de rodinhas, marcar com voz firme a data da viagem e fugir, fugir! Eis a trégua, Adeus!

E agora estou aqui rindo porque me lembrei daquele tio lá longe, foi em Apiaí? A tia tinha fugido com outro, a bonita tia Zuzu que tirou um retrato toda enrolada num xale preto, as franjas abertas no chão feito leque, eh! tia Zuzu. A gente ficava sabendo dessas histórias através das pajens que eram bem informadas: pois a tia do xale ficou louca por um tal de juiz aposentado e da noite pro dia desapareceu com ele. Mas por quê? perguntei e a Teófila fechou a cara, Cala a boca que isso não é conversa de criança.

Não sei se esse tio Alcebíades pensou em tomar sorvete mas pensou, isto sim, em viajar. Escutei a conversa dele com meu pai, Quero ir embora, Durval, quero ir embora! Aos poucos a Teófila foi informando o sacrifício que ele fez pra juntar todo o dinheiro (dólares) na cesta do piquenique. Voltou a fumar charuto e a rir, Você viaja mesmo, Alcebíades? E ele levantava a mão triunfante, unia o polegar ao indicador formando um grande O e completava o gesto, Oropa, querido, Oropa! Foi. Alguns dias depois, saindo de um restaurante ou do hotel, quebrou a cara na porta de vidro, era míope, não viu o vidro tão transparente e bumba! entrou no próprio. Voltou de Paris com a cara remendada e sem dinheiro mas completamente feliz com seu colete de veludo verde-folha salpicado de pequeninas cerejas vermelhas. Para o meu pai trouxe uma caixa de charutos. Pensa que me arrependo, Durval? Pensa que me arrependo? Foi a viagem da minha felicidade apesar do nariz quebrado e tudo. Na hora da morte quero lembrar dessa viagem porque sofrimento mesmo eu provei aqui na minha terra onde não me deixavam esquecer a humilhação. Levantou a voz e o braço quando apontou o chão com um gesto dramático, Foi aqui! Você acredita que apesar de tudo essa viagem me salvou, acredita nisso, Durval? Meu pai soprou a fumaça azul do charuto, Acredito, acredito.

Sorvete e viagem. Sorvete de chocolate com creme e viagem para a Suécia, primeira quinzena de setembro. Outono. Feira do Livro em Gotemburgo.
O convite foi feito e os três escritores brasileiros aceitaram, Ana Miranda, João Gilberto Noll e esta senhora que aprendeu a verdadeira geografia viajando, pisando naqueles contornos coloridos dos vaguíssimos cadernos cartográficos. Chegara a vez da Suécia, a irregular mancha amarela lá no alto do globo terrestre, bem longe do equador.
Na minha meninice, pensar na Suécia era pensar em grandes ursos brancos e em ásperos homens barbudos dentro daquelas armaduras. Os castelos de pedra. Pois a minha ligação com aquele país que me parecia intocável começou na adolescência, quando entrei para a Escola Superior de Educação Física: vigorava nas aulas práticas o método sueco-francês.
Mens sana in corpore sano — estava gravado no portal de uma das salas de aula. O espírito são num corpo são. Foi quando comecei a reparar que as frases mais banais, escritas em latim ganhavam uma certa pompa: o latim funciona assim como a pluma do chapéu, diria aquela minha tia fujona. Vamos lá, um corpo saudável, em forma, era até natural entre aqueles meninos e meninas nadando, correndo e esgrimando debaixo do sol. Quanto à tal mente sã, bem, a conversa agora é outra porque logo percebi quando os tais parafusos da parte nobre do corpo não estão bem ajusta-

dos. Os parafusos frouxos, fui agora mais clara?... Daí então, mesmo com a famosa ginástica sueca somada à ginástica francesa não resolve não, a gente disfarça, nessa idade é fácil disfarçar mas de repente, mais cedo ou mais tarde, a loucura desabrocha irresistível feito uma flor ou um cacto.

Mas espera, eu falava na Suécia, mais do que isso, estava pisando na própria e dizia como foi perfeita a soma dos dois métodos na ginástica da minha adolescência, o sueco impondo movimentos mais vigorosos, mais rígidos. Atenuados pelos movimentos do estilo francês mais suave, mais elástico em abrandamentos que se aproximavam de um bailado clássico.

Suécia, Suécia. Tinha ainda aquele amigo do meu pai e que se chamava Lars, um sueco muito comprido e louro e que tocava violino. Tocar violino melhor do que ele, só mesmo o Diabo, disse meu pai certa noite. Mas o Diabo toca violino? eu perguntei e meu pai ficou pensativo, Parece que sim e divinamente.

E o que dizer dessa glória maior do cinema de todos os tempos e que se chamou Greta Garbo, estrela d'*A Dama das Camélias* e inspiradora da nossa marcha carnavalesca: *A tua vida se resume, oh! Dama das Camélias/ Nas tuas flores sem perfume, oh! Dama das Camélias!*

Não esquecer a Rainha Cristina, a estranha e misteriosa rainha que abdicou (1654) em favor do primo Carlos Gustavo. Revejo Greta Garbo no final do filme, de perfil e ocupando toda a tela, figura de proa de uma nave noturna seguindo para onde?!... Foi a primeira lição romântica da minha juventude, a da rainha que não queria o poder, queria a liberdade.

A paixão pela liberdade não tem sido a marca mais profunda no estilo de vida desse povo? Intacto o amor pela coroa, sim, desde sempre a Suécia ama e cultiva os reis com o mesmo fervor com que cultiva suas flores. Mas o futuro já pertencia à democracia e ao parlamentarismo. Muito atentos os dirigentes social-democratas, atentos e descon-

fiados: todo cuidado com os envolvimentos em tempos de paz, uma tática prudente que evita alguns inoportunos envolvimentos em tempos de guerra.
    Prudente e desconfiada Suécia. Um tanto solitária, sem dúvida. Mas extraordinariamente solidária com os seus vizinhos nórdicos. E ainda e sempre essa busca da liberdade que tem sido assegurada pela neutralidade: 170 anos de paz ininterrupta. E agora, um detalhe da maior importância que se harmoniza com o esboço desse quadro: a Suécia foi o primeiro país do mundo a adotar a Lei da Liberdade de Imprensa.

    Mas espera, estamos em Gotemburgo. Outono de 1990. Belíssimo o porto. E o que dizer dessa indústria na plenitude? A arte de decorar (herança dos vikings) parece ser a prática natural desse país que em meio do extraordinário desenvolvimento econômico, não esquece a educação. Não esquece a cultura. E não adianta ficar apurando os ouvidos porque a língua sueca me pareceu tão inacessível quanto o Prêmio Nobel. Já sei, em certos aspectos não andamos mesmo brilhantes, mas e a nossa literatura? Nossos romancistas, nossos poetas, gente da maior qualidade. Por que nos dão alguma esperança e de repente, puf!... tudo se desfaz feito uma bolha de sabão? Foi o que eu disse à nossa amável acompanhante que falava espanhol, tinha residido em Barcelona. Ela sorriu reticente, fez aquele ar assim vago e então achei melhor mudar de assunto, eh! Suécia com os seus mistérios. Com os seus encantos.
    Encantadora, sim, a embaixatriz da Suécia no Brasil, essa Ewa Kumlin, uma apaixonada pelo nosso país, tão apaixonada que conhece não só o nosso português com açúcar (ou sal) mas também aprofundou-se no estudo das nossas artes plásticas.
    O frio ainda ligeiro, não seria preciso mais do que um suéter e um blazer durante o dia. Para a noite, aquele comprido casaco mais pesado, o esconde-miséria preto que resiste impávido e colosso feito o hino, ah! como andei e desandei por aquelas

ruas e praças. A folhagem começando a ficar esbraseada. Ah! governantes das cidades brasileiras, por que estão acabando com os nossos jardins e parques? Tenho às vezes vontade de abraçar as raras árvores da minha rua, o bairro é repleto de lojas e essas lojas estão em ruas estreitas e que exigem um espaço maior para as suas vitrines, árvore atrapalha.

A Gotemburgo das praças e dos parques, tanta fartura de bancos para o descanso dos velhos que ali ficam horas e horas, lendo. Cochilando ou simplesmente olhando as graciosas barracas dos vendedores de flores. Espaço para os velhos e para os jovens tão corados, pedalando nas suas bicicletas, bem-aventurada seja a preocupação com o bem-estar do povo.

Com os meus caros companheiros de viagem, Ana e João Gilberto, entramos na lanchonete e pedimos sanduíches de salmão, o salmão sueco é ótimo assim como o peixe. E o bacalhau e também o camarão, afinal, não é impunemente que há em redor toda essa água do mesmo azul profundo do céu. O povo (assim como o brasileiro) gosta muito de cerveja que é mais forte e mais densa do que a nossa. Mais forte também o leite, basta olhar em torno para ver nos bons dentes a boa tradição desse leite. Acabo me enrolando no câmbio, paciência, é só entender que a *coroa* (a pronúncia é "cruna") é a unidade monetária do país.

Pausa para admirar o enorme deus do mar, um Posêidon emergindo da fonte de bronze. As galerias de arte, os museus. Ruas cintilantes com os seus cristais, eu já conhecia a fama dos cristais suecos. E aquele quarteirão com o enigmático mundo das máquinas, nunca me dei bem com máquinas mas gosto de admirá-las assim de longe, os carros tão ousados, as novidades fotográficas, os computadores — mas o homem não vai parar nunca nessa corrida delirante em busca da renovação?

O encontro informal dos escritores com os jornalistas e

críticos está marcado para a noite, a *pressenatta*. Muita gente e muita música no enorme salão bem arejado e bem iluminado. As imensas travessas de camarões fritos com a casca, os lagostins. Excelente o pão e o vinho branco. Fico contente quando encontro Arne Lundgren, ensaísta e tradutor que eu conhecia através de livros. É grandalhão, os cabelos cinzentos, as grandes mãos ossudas. Descasca os camarões com uma rapidez fantástica, tento imitá-lo e me atrapalho. Ele ri do meu esforço e bate no meu copo ao me oferecer seu prato de camarões descascados, *Skål!* A pronúncia é a mesma do Brasil, "Scól!", mas nesse brinde pra valer a gente precisa olhar firme no olho do outro, Saúde!

Inauguração da Feira do Livro no imenso pavilhão branquíssimo. Grandes balões coloridos. Banda de música. E livros, livros, livros. A beleza do trabalho gráfico, fico passando a mão nesse papel raro assim numa carícia, meu Deus, que papel tão trabalhado. Na perfeita organização, não foi difícil encontrar o estande do Brasil. Onde a rainha Sylvia foi nos visitar cordialmente, uma jovem bonita e discreta, como convém a uma rainha sueca. Que não é brasileira, como eu pensava, nasceu em Heidelberger, filha de uma brasileira e de um alemão que aqui representava uma firma da Suécia. Viveu muitos anos em São Paulo, onde fez seus primeiros estudos. Mais tarde, já na Europa, conheceu então o herdeiro do trono, o futuro Rei Carlos Gustavo XVI. Parece ser essa a história encantada da rainha que depois de conversar com tanta naturalidade na nossa língua, lá se foi com suas damas e um enxame de fotógrafos.

Estocolmo, que um poeta chamou de cidade flutuante, foi a parte final da nossa viagem. O programa é intenso mas temos liberdade (olha aí a liberdade) para escolher o que mais nos interessa.

Sim, conhecer a Cidade Velha, é claro, o passado de paixão e mistério nas ruas estreitíssimas da cidade lendária. Conhecer a Academia de Letras com sua sala azul-dourada e onde é entregue o Prêmio Nobel, o busto magnífico do próprio (Alfred Nobel) serenamente presidindo tudo.

Foi curta a manhã para visitar o Instituto Sueco, centro cultural com sua biblioteca riquíssima, quero lembrar ainda a qualidade dos livros suecos, a perfeição das gravuras e aquele papel no qual disfarçadamente eu passava e repassava a mão... O Museu Strindberg com tantos móveis e objetos do dramaturgo meio delirante, ah, quero ver a pena de pato (ou ganso) com a qual ele escreveu suas peças. Essa pena ele acabou por oferecer à mulher amada, que faceiramente a espetou na copa de feltro de um gracioso chapéu. Fico olhando o casario naquele crepúsculo afogueado e penso que gostaria de visitar a cinemateca e que naturalmente deve ter guardado algum cenário de Ingmar Bergman, eh! Suécia. Haveria tempo para fazermos um passeio de barco?

Vålkomna! — estava escrito no convite do coquetel da nossa chegada, Sejam bem-vindos!

Estou saboreando um sorvete quando alguém me entrega o envelope com a passagem de volta, Boa Viagem!

No Princípio
era o Medo

Comecei a escrever antes de aprender a escrever — tinha cinco, seis anos? A invenção era guardada na cabeça como guardava as borboletas dentro daquelas antigas caixas de sabonete. E se falo no medo desse tempo selvagem é porque me parece importante esse chão da infância em meio da cachorrada e das pajens, aquelas mocinhas perdidas que eram expulsas de casa. E que minha mãe recolhia para os pequenos serviços: eram analfabetas mas espertas, ainda no feitio das agregadas das nossas senzalas. Assim como eu, elas colhiam os frutos ainda verdes, os maduros iam para os grandes. E também costumavam apalpar as galinhas para saber se lá vinha vindo algum ovo para a gemada, tempo das gemadas.

Gostavam de contar histórias que tinham ouvido ou simplesmente inventavam, tempo da invenção e das mulas sem cabeça, as tais mulheres que se deitavam com padre e geravam filhos normais, isso até o sétimo, fatalmente um lobisomem.

Eu só escutava, ouvidos e olhos bem abertos. Isso até que chegou a noite em que também comecei a inventar, começou em Apiaí? Foi em Apiaí onde tinha aquela rua comprida e aquele rio de águas pardacentas com aquela lama boa para fazer bonequinhos. A descoberta me fortaleceu, transferindo o medo eu começava a me libertar. Mas era cedo ainda para falar em transferência ou catarse, na idade dos frutos verdes era apenas o instinto indicando o caminho da inocente criação.

Algumas histórias eram repetidas, as crianças gostam das repetições, as crianças e os velhos. Então eu contava de novo mas no auge da emoção, acabava por trocar os nomes das personagens ou mudar o enredo. Mas não acabava desse jeito! protestava algum ouvinte mais atento. A solução me pareceu simples, escrever essas histórias assim que aprendesse a escrever. A primeira dificuldade apareceu logo, onde conseguir o papel? As últimas páginas de alguns dos meus cadernos estavam em branco. Uma sorte porque foi nesses cadernos que comecei a escrever as invenções, a letra tão caprichada, tão nítida disfarçando a confusão da trama, ô Deus! o que era importante e o que não era importante? Muitos anos mais tarde aprendi o que era o acessório e o que era o principal na hora da narrativa e em todas as outras horas.

Bem complicada, por exemplo, a pequena história do lenhador, da mulher e da criança devorada pelo lobisomem: era noite, o lenhador foi buscar lenha na floresta e quando a mulher entrou no quarto, viu o cachorrão preto saltando pela janela e levando a criança nos dentes. O lenhador ficou tão triste, a mulher e ele chorando sem parar e então, para consolar o marido, a mulher pediu que ele se sentasse ao lado dela, puxou-lhe a cabeça para o colo, ele chegou a sorrir assim feliz com o agrado. Nesse instante a mulher deu um grito e fugiu espavorida (que difícil escrever isso!) porque ela reconheceu, presos ainda nos vãos dos dentes do lenhador, alguns fiapos vermelhos da manta de lã que enrolava a criança na noite de lua cheia.

Como era fácil contar essa história lançando mão dos meus recursos, fazia gestos, caretas, gritava, ah! o susto que levaram todos quando arreganhei a boca para apontar os dentes, lá onde deviam estar presos os tais fiapos de lã vermelha. Fácil a representação, o difícil era a escrita. Eu me lembro, alguém protestou: Mas o lobisomem não sabia que essa criança que devorou era o filho dele? Prossegui implacável, Nessa hora ele não reconhece ninguém!

Apiaí. Tinha um rio e eu ficava olhando esse rio e não sabia de onde ele vinha nem para onde ia. Quando um dia comparei esse rio a mim mesma (de onde vim e para onde vou?) já tinha mudado de cidade.

A Língua Portuguesa à Moda Brasileira

Estou me vendo debaixo de uma árvore, lendo a pequena história da literatura brasileira. No flamante Romantismo da adolescência eu tinha me emocionado tanto com os moços da Escola de Morrer Cedo. Começava agora a entrar na Escola Parnasiana, uma escola de poetas mais bem-comportados. Mais bem penteados e suspirando menos.

Olavo Bilac! eu disse em voz alta e de repente parei quase num susto depois que li os primeiros versos do soneto à língua portuguesa: *Última flor do Lácio, inculta e bela/ És, a um tempo, esplendor e sepultura.*

Fiquei pensando, mas o poeta disse *sepultura*?! O tal de Lácio eu não sabia onde ficava mas de sepultura eu entendia bem, disso eu entendia, repensei baixando o olhar para a terra. Se escrevia (e já escrevia) pequenos contos nessa língua, quer dizer que era a sepultura que esperava por esses meus escritos?

Fui falar com meu pai. Comecei por aquelas minhas sondagens antes de chegar até onde queria, os tais rodeios que ele ia ouvindo com paciência enquanto enrolava o cigarro de palha, fumava nessa época esses cigarros. Comecei por perguntar se minha mãe e ele não tinham viajado para o exterior.

Meu pai fixou em mim o olhar verde. Viagens, só pelo Brasil, meus avós é que tinham feito aquelas longas viagens de navio, Portugal, França, Itália... Não esquecer que a minha avó, Pedrina Perucchi, era italiana, ele acrescentou. Mas por que essa curiosidade?

Sentei-me ao lado dele, respirei fundo e comecei a gaguejar, é que seria tão bom se ambos tivessem nascido lá longe e assim eu estaria hoje escrevendo em italiano, italiano! fiquei repetindo e abri o livro que trazia na mão: Olha aí, pai, o poeta escreveu com todas as letras, nossa língua é sepultura mesmo, tudo o que a gente fizer vai pra debaixo da terra, desaparece!

Calmamente ele pousou o cigarro no cinzeiro ao lado. Pegou os óculos. O soneto é muito bonito, disse me encarando com severidade. Feio é isso, filha, isso de querer renegar a própria língua. Se você chegar a escrever bem, não precisa ser em italiano ou espanhol ou alemão, você ficará na nossa língua mesmo, está me compreendendo? E as traduções? Renegar a língua é renegar o país, guarde isso nessa cabecinha. E depois (ele voltou a abrir o livro), olha que beleza o que o poeta escreveu em seguida, *Amo-te assim, desconhecida e obscura*, veja que confissão de amor ele fez à nossa língua! Tem mais, ele precisava da rima para *sepultura* e calhou tão bem essa *obscura*, entendeu agora? acrescentou e levantou-se. Deu alguns passos e ficou olhando a borboleta que entrou na varanda: Já fez a sua lição de casa?

Fechei o livro e recuei. Sempre que o meu pai queria mudar de assunto ele mudava de lugar: saía da poltrona e ia para a cadeira de vime. Saía da cadeira de vime e ia para a rede ou simplesmente começava a andar. Era o sinal, Não quero falar nisso, chega. Então a gente falava noutra coisa ou ficava quieta.

Tantos anos depois, quando me avisaram lá do pequeno hotel em Jacareí que ele tinha morrido, fiquei pensando nisso, ah! se quando a Morte entrou, se nesse instante ele tivesse mudado de lugar. Mudar depressa de lugar e de assunto, Depressa, pai, saia da cama e fique na cadeira ou vá pra rua e feche a porta!

Mas espera, falávamos sobre a língua portuguesa e sobre a confissão do poeta, *Amo-te assim, desconhecida e obscura.*
Eu estava no México, Encontro Internacional de Escritores. Cada escritor devia ler em voz alta uma página do próprio livro para que ouvissem a língua desse escritor. Abri meu livro e li a página de um conto. Então uma loura escritora canadense deu um aparte, mas afinal, em que língua eu tinha falado? E acrescentou, residira alguns bons anos em Portugal e estranhou muito a minha fala, mas não era esse o português que conhecia! E fez o elogio, era belo, sem dúvida, o som assim meio sensual da minha pronúncia, apenas não coincidia com aquele português meio fechado, mais forte e que conheceu na própria pátria do idioma.
Gaguejando um pouco (resíduo da adolescente colonizada?) tentei explicar-lhe as diferenças, na escrita e na fala, do nosso português à moda da casa. Um português com açúcar, definiu um dia o escritor Eça de Queiroz. Eu diria hoje que o nosso português não é com açúcar mas com sal. Precisamente sobre o assunto, na hora do chá (sem açúcar, como aprendi na China), conversei com dois amigos, Paulo Vizioli e Péricles Eugênio da Silva Ramos. Contei-lhes o episódio daquele encontro no México, quando a canadense ficou seduzida pela música do português brasileiro mas estranhou muito. E então, como definir essas diferenças? Péricles refletiu um pouco e chegou a esse resultado tão simples: a língua é portuguesa mas o estilo é brasileiro.
Todos de acordo com a bela declaração de Fernando Pessoa e inspirada no Padre Antonio Vieira, *Minha pátria é a*

língua portuguesa. Esta língua também é a minha pátria. Com menos ênfase o meu pai disse algo parecido naquela tarde distante.

Uma língua com o sabor local, ou melhor, tropical: o sal.

Feira do Livro em Frankfurt. Estávamos os três em torno da mesa, a professora e ensaísta Barbara Freitag, o diplomata e filósofo Paulo Sergio Rouanet e eu. Era noite e fazia frio quando o assunto voltou triunfante e foi celebrado com vinho, batatas e salsichas. Falei sobre a definição dada pelo poeta, a língua é portuguesa mas o estilo é brasileiro. Rouanet aprovou mas sugeriu uma pequena mudança, língua portuguesa mas *ao modo* brasileiro.

No fundo (e na superfície) a paixão. Alguém tinha me perguntado nessa manhã, se você não pudesse mais escrever você morreria? Respondi que não morreria mas ficaria tão triste como se tivesse morrido.

Pensei um dia, estendo ao leitor a minha palavra assim como se estende uma ponte e digo, Vem! Então esse leitor que acaba por ser meu cúmplice, leitor e cúmplice, chega até onde eu estou. Fraternalmente reparto com ele essa palavra como se reparte o pão.

Leitor e cúmplice. A ele ofereço um pensamento do Padre Antonio Vieira, aquele que amou o índio como a si mesmo: "Para falar ao vento, bastam palavras; para falar ao coração, são necessárias obras".

Jorge Amado

Há escritores que eu admiro e há escritores que eu amo. Jorge Amado eu admirava e amava.

Desde a juventude ele devia guardar aquela clássica carteirinha do Partido Comunista, até o fim fiel aos seus ideais e princípios. Sem dúvida, um revolucionário ativo. E corajoso. Mas com um coração conservador — é possível isso? Porque lá no fundo era um conservador no disciplinado amor pela família e pelo Brasil. O bom chefe de família que gostava de ver em redor a mulher. Os filhos. Os irmãos. O bom patriota e o ansioso amor pelo nosso país com o povo assim desamparado, ah! tanto desamparo. Amor pela bela natureza bruta sempre ameaçada nesse antigo e feroz processo de extinção.

Nenhuma contradição no rebelde coração conservador, nenhuma contradição. Na singela definição dos dicionários, conservador é todo aquele que guarda e preserva o que considera ameaçado de extermínio. O aflito sentimento de um brasileiro com o seu sonho de defender e guardar um Brasil livre, olha aí a liberdade. Eu me lembro, certa vez ele se referiu à Amazônia num tom tão comovido, ah! essa Amazônia com seus rios e árvores e bichos...

O sensual Jorge Amado no seu voluptuoso amor pelos nossos usos e costumes — a nossa dança. A nossa música. E a respeitosa devoção pelas tradições, notadamente aquelas de origem afro-indígenas. As raízes celebradas com o saudável amor pela língua, pelo ofício e pela vida.

A paixão por Karl Marx e que teve consequências muito duras nos Anos de Chumbo, quando foi perseguido e banido do Brasil. As longas andanças no exílio onde armazenou mais experiência para o trabalho já traduzido em tantas línguas. A volta. Nas profundezas, acesa a chama da esperança. Apesar da desesperança diante da cínica atuação da maioria dos partidos políticos com suas manhas e máscaras. A solução? Escrever. Denunciar através da vocação inspirada no povo e usando a saborosa linguagem desse povo. Com suas personagens populares, os pescadores. As prostitutas. As velhotas beatas e os vadios beberrões. Os políticos embriagados pelo poder e os outros, os românticos apaixonados e os hipócritas — tanta gente, tanta! A massa dos simples, tocando a vida sem as tais indagações filosofantes. O humor, muito humor com a força do destino impelindo os seres para as armadilhas armadas no casario de janelas abertas para o céu.

Em meio das personagens sem mistura, expostas, a aparição de personagens mais complicadas, cavernosas. Aí o escritor demonstra o seu tato e sutileza em lidar com essa variada condição humana frequentada pelos clássicos pecados capitais. Em primeiro lugar, é claro, a luxúria. A cólera espumejando, enleada na verdolenga inveja. A avareza de unhas roídas e a solidão da soberba. A tristíssima servidão da gula e no final (ou no princípio?) a mornidão da preguiça.

Jorge Amado, um homem gregário: gostava da roda dos amigos e da roda da família liderada pela companheira e camarada de letras, essa Zélia Gattai. Encontrei-os tantas vezes em reuniões literárias aqui e no exterior. E agora me lembro, foi no Salão do Livro em Paris, 1998. A festa ia animada com tantos escritores brasileiros, também Jorge Amado com seu sorriso de baiano cordial. Foi quando notei o seu olhar tão inquieto, procurando. Procurando. E de repente encontrou. Então acomodou-se tão feliz, as mãos entrelaçadas nas mãos dela.

Cordial também a casa da Rua Alagoinhas, as plantas, tanto verde. Muitos quadros e objetos, vigorando a ingênua arte primitiva. Um pouco do esplendor barroco. E os bichos, ele gostava de cachorros. Gostava de gatos. Gostava dos laços humanos e por isso aceitou concorrer à vaga na Academia Brasileira de Letras. Aceito por unanimidade, vestiu o fardão verde-folha com debruns dourados, no feitio da Academia Francesa de Letras, que foi o nosso modelo.

Há mais de cem anos Machado de Assis fundou a nossa Academia. Finalidade principal? Preservar (olha aí, preservar) e defender a língua e a literatura.

Tão livre o escritor Jorge Amado. Ao mesmo tempo, tão vinculado a essa Bahia de Todos-os-Santos. Fugia, às vezes, para ir escrever em Paris, onde tinha um pequeno apartamento: a glória consola, sim, mas se é excessiva, pode também abafar. Quando ele se sentia fragilizado (o frio) ou quando simplesmente estava com saudade, tirava os sapatos de andarilho, dava o braço para Zélia e vinha para a casa perto do mar.

Amava as cores vivas com motivos na natureza, as camisas eram alegres. As gravatas coloridas, combinando com a bela cabeleira branca assim ao vento. Amava também a fogosa poesia social de Castro Alves, *A praça! A praça é do povo como o céu é do condor.*

"Jorge Amado, o Visionário" devia ser o título deste depoimento.

Mysterium

"Eu vi ainda debaixo do sol que a corrida não é para os mais ligeiros, nem a batalha para os mais fortes, nem o pão para os mais sábios, nem as riquezas para os mais inteligentes, [...] mas tudo depende do tempo e do acaso."
ECLESIASTES

Ao tempo e ao acaso eu acrescento o grão de imprevisto. E o grão da loucura, a razoável loucura que é infinita na nossa finitude. Vejo minha vida e obra seguindo assim por trilhos paralelos e tão próximos, trilhos que podem se juntar (ou não) lá adiante mas tudo sem explicação, não tem explicação.

Os leitores pedem explicações, são curiosos e fazem perguntas. Respondo. Mas se me estendo nas respostas, acabo por pular de um trilho para outro e começo a misturar a realidade com o imaginário, faço ficção em cima da ficção, ah! tanta vontade (disfarçada) de seduzir o leitor, esse leitor que gosta do devaneio. Do sonho. Queria estimular sua fantasia mas agora ele está pedindo lucidez, quer a luz da razão.

Não gosto de teorizar porque na teoria acabo por me embrulhar feito um caramelo em papel transparente, Me dê um tempo! eu peço. Quero ficar fria, espera. Espera que estou me aventurando na busca das descobertas, "Devagar já é pressa!", disse Guimarães Rosa. Preciso agora atravessar o cipoal dos detalhes e são tantos! E tamanha a minha perplexidade diante do processo criador, Deus! os indevassáveis signos e símbolos. Ainda assim, avanço em meio da névoa, quero ser clara em meio desse claro que de repente ficou escuro, estou perdida?

Mais perguntas, como nasce um conto? E um romance? Recorro a uma certa aula distante (Antonio Candido) onde aprendi que num texto literário há sempre três elementos: a ideia, o enredo e a personagem. A personagem, que pode ser aparente ou inaparente, não importa. Que pode ser única ou se repetir, tive uma personagem que recorreu à máscara para não ser descoberta, quis voltar num outro texto e usou de disfarce, assim como faz qualquer ser humano para mudar de identidade.

Na tentativa de reter o questionador, acabo por inventar uma figuração na qual a ideia é representada por uma aranha. A teia dessa aranha seria o enredo. A trama. E a personagem, o inseto que chega naquele voo livre e acaba por cair na teia da qual não consegue fugir, enleado pelos fios grudentos. Então desce (ou sobe) a aranha e nhac! prende e suga o inseto até abandoná-lo vazio. Oco.

O questionador acha a imagem meio dramática mas divertida, consegui fazê-lo sorrir? Acho que sim. Contudo, há aquele leitor desconfiado, que não se deixou seduzir porque quer ver as personagens em plena liberdade e nessa representação elas estão como que sujeitas a uma destinação. A uma condenação. E cita Jean-Paul Sartre que pregava a liberdade também para as personagens, ah! odiosa essa fatalidade dos seres humanos (inventados ou não) caminhando para o bem e para o mal. Sem mistura.

Começo a me sentir prisioneira dos próprios fios que fui inventar, melhor voltar às divagações iniciais onde vejo (como eu mesma) o meu próximo também embrulhado. Ou embuçado? Desembrulhando esse próximo, também vou me revelando e na revelação, me deslumbro para me obumbrar novamente nesta viragem-voragem do ofício.

A temática da vocação que é paixão. Quase peço desculpas ao leitor por não ser mais otimista quando lido com a crueldade. Com a violência e com o medo. Vejo crescer o desamor pelas crianças e pelos bichos, vítimas maiores deste tempo e desta sociedade. Ainda assim, recorro ao humor, quero a graça da ironia para que o leitor não fuja entediado, Espera um pouco! eu peço a esse leitor. Espera que posso até ficar engraçada mesmo em meio dos acessos de indignação, afinal, não estamos no Terceiro Mundo?

Há um perguntador que quer saber por que falo tanto na morte, nos contos e romances, sempre a morte. Faço uma pausa. Não sou inocente (o escritor não é inocente) e assim poderia agora começar um pequeno discurso para dourar a pílula: que importa a morte se "a arte é a negação da morte". Enfim, creio que não será preciso recorrer aos livros para afirmar uma coisa tão simples, a alma é imortal. Na reencarnação essa alma humana irá habitar outro corpo da mesma espécie. Mas na transmigração a alma irá para um corpo que pode ser animal ou vegetal, não foi o que disse o filósofo Empédocles? *Pois já fui um mancebo e já fui uma donzela, fui um arbusto e já fui um pássaro da floresta e um peixe mudo do mar.*

Na transmigração (metempsicose) de um corpo para outro, o mistério. Que é ainda mais misterioso na sua raiz latina, *mysterium*. Vamos, repita em voz alta, MYSTERIUM — mas brecando um pouco no *y*, boca aberta do abismo, mergulhe nesse *abysmo*. E repetindo a palavra-senha até ouvir lá no fundo o eco prolongado na queda pedregosa, *Mysteriuuum...*

Perguntei à minha mãe se podia escrever o meu nome com letra *i* em vez do *y*, pois assim seria mais simples. Ela pensou um pouco e respondeu que tinha que ser mesmo com *y*. Por quê? perguntei. E acrescentei que na escola até a professora implicava com essa letra que ninguém mais usava, o *i* era mais fácil. Desconfie das facilidades! ela exclamou ao levantar-se da cadeira para ir até a poltrona, naquele mesmo estilo do meu pai que mudava de lugar quando queria mudar de assunto.

Pronto, também eu mudando de trilho, melhor voltar às personagens nas quais eu tentava levantar a máscara (ou a pele) na busca do outro ou de mim mesma. O jogo é singelo. E malicioso. Fico fascinada porque meu pai era um jogador e dele herdei o vício do risco. Mas ele jogava com fichas e o meu jogo é com as palavras, e então? Perdi? Num país com tão vasta área de analfabetos, não posso pensar em lucro, é claro, mas em alimentar esta viciosa esperança. E agora eu me lembro, depois das generosas apostas na roleta, o meu pai terminava a noite apenas com a quantia exata para a condução de volta, o tal cassino preferido era distante. Ah! como brilhavam seus olhos enquanto dizia, Hoje perdemos mas amanhã a gente ganha.

A servidão da esperança. Recuso os meus primeiros livros (as precipitadas apostas) que considero prematuros, começo a contagem a partir do romance *Ciranda de Pedra*, publicado no ano de 1954. Esse romance ficou sendo o divisor de águas dos livros vivos e dos outros.

Não quero ser compreendida, quero ser amada, respondi ao estudante de olhos asiáticos que se queixava, não entendeu o sentido de alguns dos meus contos. Ninguém compreende mesmo ninguém, difíceis as pessoas. As coisas. Quero apenas que meu leitor seja o meu parceiro e cúmplice no ato criador que é ansiedade e sofrimento. Busca e celebração.

Ele quis ainda saber qual dos meus livros eu preferia. Respondo que fico com o mais recente e ao qual ainda estou ligada, no caso, esse *Invenção e Memória*. Mais memória ou mais invenção? É impossível separar as águas de vasos comunicantes correndo pelos subterrâneos do inconsciente. Onde acaba a realidade e onde começa o sonho?

Na antiga cozinha da minha infância, o caldeirão borbulhante, instalado no fogão de lenha. E Matilde, cozinheira e agregada, preparando a famosa sopa sem receita. Na noite escura, um ou outro morcego vinha se dependurar no teto enquanto ela, também esfumaçada, seguia indiferente na sua ronda sem pressa, preparando a sopa. Os ingredientes. Estendia o longo braço magro até o caldeirão fervente e deixava cair o ramo de ervas verdes. Agora era a vez das sementes estranhíssimas que tirava do boião de vidro — alguma hierarquia na entrada disso tudo? Mais uma aragem de sal que ela deixava cair do alto, num gesto de quase desdém. Não tem receita! respondia fechando a cara. Faço como me dá na telha.

Até que chegou aquela noite, quando minha mãe me chamou, Anda, vai lá e presta atenção em tudo e depois me conte o que viu. Contornei os baldes e caçarolas que aparavam as goteiras que caíam do teto (a tempestade) e fui me sentar num canto penumbroso. Matilde mexia na lenha do fogão, atiçando o braseiro que resistia, intratável. Mascava fumo negro e resmungava coisas desgarradas enquanto tirava a tampa do caldeirão para mexer a sopa com a grande colher de pau. Com a mesma colher tentou afugentar o morcego mais próximo, Vai, vai, Satanás! Fugi espavorida, Ela é louca! fui repetindo enquanto corria, ela é louca!

Matilde e Macbeth, cada qual ao seu modo lembrando que a vida *é história narrada por um idiota, cheia de som e de fúria e que não quer dizer nada.*

Discurso de Posse na Academia Brasileira de Letras

No pequeno laboratório de química do meu tempo de estudante aconteciam as mais extraordinárias experiências sob a inspiração do nosso professor.

Lembro-me de que era um homem pálido e meio balofo, com a mesma cara secreta de um buda de bronze que ficava na vitrine dos bibelôs da sala de visitas da minha mãe. Falava baixo esse professor. Enfática era a voz borbulhante dos tubos de ensaio com suas soluções que ferviam sobre a chama da lamparina nas famosas aulas práticas. Os misteriosos tubos de ensaio com seus lentos vapores — as fumacinhas escapando das misturas de inesperadas colorações. E que podiam explodir de repente ao invés de darem uma vaga precipitação, ah! o suspense daquelas combinações.

Só ele, o químico de avental branco, parecia não se impressionar com as intempestivas ocorrências ao longo da tosca mesa esfumaçada, com ares de uma oficina de bruxaria medieval. Costumava fazer no quadro-negro os seus cálculos. Em seguida, anunciava: "Vocês verão agora este líquido amarelo ficar azul". E o líquido amarelo ficava vermelho. Ele não se perturbava, era um homem calmo. Recomeçava sem pressa a operação, enquanto deixava escapar alguns fiapos de monólogo, "Acho que algo não deu certo...". É, concordávamos, alguma coisa não funcionou, o que seria? E sem muito interesse pela resposta, voltávamos a acompanhar com atenta perplexidade os movimentos do mestre de uma ciência tão austera. E tão fugidia. A malícia, essa escondíamos na expressão meio idiotizada que só os adolescentes conseguem ter.

Certa manhã, ele chegou filosofante: "Vejam, meninas, na química há sempre uma larga margem de imprevistos, como na vida, que também desobedece regras e leis... Vocês vão se lembrar disso mais tarde".

A esse grão de imprevisto — o principal — fui juntando os acessórios: o acaso que reside nos pequenos acontecimentos fortuitos. E a loucura, o terceiro grão que compõe essa estupenda fórmula anarquizando uma ciência com a nitidez da matemática. Anarquizando a circunstância do homem e o próprio homem, esse mesmo homem que Pascal considerava tão "necessariamente louco, que não ser louco representaria uma outra forma de loucura".

A loucura, o acaso e o imprevisto desencadeando reações dentro do mesmo caldeirão. A fogo brando, para evitar o pior.

Dom Pedro I chamava a atenção da ambiciosa Marquesa de Santos (o Professor Pedro Calmon a considerava muito ambiciosa) para a importância de *certas misteriosas combinações*. Que combinações seriam essas? Dom Pedro sabia, ele e certamente esse outro Pedro, o Calmon que pesquisou e analisou *as vinte mil léguas submarinas* da vida do Rei Cavaleiro. Nessas combinações que começaram para mim naquele antigo laboratório de química, residiria o mistério maior.

Creio que foi sob a inspiração dessas combinações instigantes que me veio a ideia de fazer vibrar a corda tensa de extremos aparentemente antagônicos: numa ponta, Gregório de Mattos, o patrono desta cadeira nº 16. Na outra ponta, Pedro Calmon, o seu último ocupante. Na desafiante operação, eis que me surpreendi de repente com a mesma perplexidade daquelas manhãs no laboratório de química, diante das soluções que pareciam desacatar a previsão oficial. Que neste caso seria afastar o baiano tão ilustre que foi Pedro Calmon do anti-ilustre baiano que foi Gregório de Mattos.

Contudo, aqui estou não só unindo esses extremos mas com eles dando um nó forte e quente, porque são extremos feitos da mesma incomparável matéria dos seres raros. Entrelaçados nas suas raízes por uma paixão comum: a paixão da palavra. A palavra falada. A palavra escrita.

A dementada paixão da palavra que os levou a lutar com a mesma coragem. Com a mesma generosidade — duas virtudes comuns aos dois artistas. Embora, na opinião de Carlos Drummond de Andrade, essa fosse uma luta vã: *Lutar com palavras/ é a luta mais vã./ Entanto, lutamos/ mal rompe a manhã.*

Confesso que não vejo o trovador delirante que foi Gregório de Mattos acordando com a manhã, pois era nas noites boêmias que ele apurava sua viola. Quem acordava com os passarinhos era Pedro Calmon, ansioso por iniciar a luta que se assemelha a uma luta de boxe, sim, o escritor atracado à palavra como um *boxeur* numa contenda que é busca e encontro. Dor e celebração. Com suor e sangue, a palavra verte sangue.

O satírico do século XVII, Gregório de Mattos e Guerra, o Boca do Inferno, liberto e libertino, errando despassarado de viola a tiracolo por Lisboa, Coimbra, Bahia, Angola e Recife. E os vínculos coincidentes com o bem-comportado orador do século XX, Pedro Calmon Moniz de Bittencourt, historiador e jurista refinado, irônico mas não sarcástico, colérico às vezes (a cólera é necessária), como no período em que foi reitor e, de peito aberto, defendeu a estudantada contra a polícia. Perceptivo e lúcido como o outro, o falso demente Gregório de Mattos. Um descompondo e o outro compondo, mas testemunhando cada qual à sua maneira e ao seu tempo, a sua gente e o seu país.

Curioso o destino desses dois baianos iluminados pela paixão da palavra falada. Na sua tormentosa viagem para Ítaca, Ulisses fez-se amarrar com cordas no mastro do navio para assim resistir ao canto sedutor das sereias. Os que ouviram Gregório de Mattos com seu estilo barroco e fescenino e os que ouviram Pedro Calmon, barroco também, mas não licencioso — os que ouviram essas duas sereias das mesmas águas, não precisaram se amarrar para resistir ao impulso de seguir o líder da ralé. E o líder da elite nas universidades e academias. Pedro Calmon tinha três tribunas prediletas: a desta Academia, a do Instituto Histórico e Geográfico Brasileiro e a da Faculdade de Direito do Rio de Janeiro. A tribuna do poeta era a taverna, a rua. Ele que não tinha *um gato pingado pra puxar pelo rabo,* gostava de gatos? O gato de Pedro Calmon chamava-se Reinaldo. Gregório de Mattos e o seu destino obscuro "naquela pobre Bahia fidalga do ano do Senhor de 1684". Pedro Calmon e o seu destino glorioso.

Mas, afinal, o que queriam esses dois sonhadores, a verdade? A verdade. Usando e abusando do poder da palavra, sondaram, analisaram e interpretaram essa verdade tão escorregadia na face dos reis e dos vagabundos. Dos poetas e dos santos.

Quid est veritas? foi perguntado ao Filho de Deus. Ele não respondeu. E lembro aqui a paixão de ambos por esse mesmo Deus — outro traço comum na natureza mais profunda das duas ovelhas, a branca e a preta, esta a mais carente. A se oferecer nos instantes de lirismo para pousar a cabeça no seio da mulher amada. Ou no Coração do Senhor: *Nesse lance, por ser o derradeiro,/ Pois vejo a minha vida anoitecer/ É, meu Jesus, a hora de se ver/ A brandura de um Pai, mesmo Cordeiro.*

A beleza deve ser repetida: *Neste lance, por ser o derradeiro,/ Pois vejo a minha vida anoitecer.*

Pedro Calmon clareou essa noite quando escreveu sobre *A Vida Espantosa de Gregório de Mattos*, tantos espantos! Sem dúvida reconheceu que "uma centelha genial lhe abraçou a incrível facilidade do verso. Não se negue mais, aqui e em Portugal, que é dele o primado do abrasileiramento da língua portuguesa".

Não se negue também que foi Gregório de Mattos com sua poesia coloquial o criador da modinha, a famosa modinha brasileira que ele inventou e divulgou nas suas serenatas em Coimbra. E quando para cá voltou com seu canudo de doutor e sua viola.

Influências de Góngora e Quevedo? Sim, mas o bardo baiano não aceitava ordens, ainda que viessem metamorfoseadas em influências. Foi tentado, chegou a pensar que podia vender a alma ao Diabo quando aceitou cargos e honrarias com a condição de se calar. Durou pouco o contrato do silêncio, ah! todo o ouro do mundo não valia a sua liberdade. Jogou longe os aparatos, tirou a viola do saco e voltou às suas sátiras contra a corrupção política, contra o pedantismo e contra a hipocrisia de um reino que nunca respeitou. Orfeu amansava as feras ao som de sua lira. Com sua viola o poeta atiçava essas feras. Arriscava-se? E muito. Mas viver perigosamente era sua destinação.

E o poeta sem princípios tinha princípios. Os seus princípios. Se amor é transgressão, ele transgrediu à beça em todos os estados civis pelos quais passou, principalmente no estado de casado, gostava de se casar. Contudo, num tempo em que os homens de bem escondiam ferozmente seus amores proibidos e os frutos abomináveis desses amores, assumiu o chamado "caso escabroso". Lá está, nos assentos da freguesia de São João da Pedreira, a confissão da paternidade: "Aos dezoito de julho de mil seiscentos e setenta e quatro batizei a Francisca, filha de Gregório de Mattos e Guerra, casado, e de Lourença Francisca, solteira".

Sem querer exagerar na relação das coincidências (o ficcionista é um exagerado), gostaria de lembrar mais um elo de coincidência e que implica uma razão como chave da corrente: eu era estudante na Faculdade de Direito do Largo de São Francisco ("paulista sou, há quatrocentos anos") quando um colega me ofereceu um livro: *Poesias de Gregório de Mattos*. Sentei-me sob as arcadas. Abri o livro. Então o bedel veio me perguntar se à noite eu não viria assistir à conferência do Professor Pedro Calmon.

Os jovens desconfiam sempre das celebridades de outra geração, mas eu estava em disponibilidade e esse era um programa. Confesso que entrei na sala meio hesitante, levando comigo as poesias da manhã, uma garantia na hipótese de me sentar na frente e não poder fugir. O tema da conferência era Castro Alves. Entrei desconfiada e saí fascinada. O público ainda aplaudia de pé quando pensei em felicitar o orador de sorriso franco e olhos largos, brilhantes. Não fui, havia gente demais em redor dele. Mas enviei-lhe o meu primeiro livro de contos com uma dedicatória emocionada. Dias depois, recebi o seu cartão que me deixou radiante. Só mais tarde fiquei conhecendo alguns títulos da sua vastíssima obra tão severa. Tão brilhante. Destaco as biografias de Castro Alves e de Dom Pedro. E esse admirável ensaio, *Ideias Políticas do Brasil*.

Araripe Júnior, crítico literário e ensaísta, foi o criador desta cadeira de veludo azul. "O veludo da cadeira azulou como azularam os cabelos", ouço Gregório de Mattos soprar com seu risinho irreverente.

Ralho com ele e retorno à figura do ensaísta com sua vontade de renovação — mas não é estranho? Araripe Júnior, de aparência tão convencional (as aparências!) e não se sujeitando ao convencional gosto literário da época: ele ousava. Buscava a aventura de novas linguagens, e nessa busca voltou-se como um girassol deslumbrado para autores como Ibsen, Edgard Allan Poe e... Gregório de Mattos!

Félix Pacheco vem em seguida. Como o seu antecessor, tem o ar ajuizado de laboriosa formiga da fábula, mas gostava mesmo era de ouvir as cigarras. Foi poeta na primeira juventude. O pai queria que ele seguisse a carreira militar. Rebelou-se e foi ser jornalista no *Jornal do Commercio*, onde começou como simples repórter policial e chegou a diretor. Foi também deputado e chanceler da República. Fala tanto nas antigas ilusões, nos sonhos, acredita mesmo que o homem pode se salvar através do sonho. A inquietação tumultuando o poeta de colete rigorosamente abotoado. Com as suas bizarras paixões literárias fazendo saltar esses botões: tinha para escolher toda a bem-comportada galeria dos poetas parnasianos, mas quem ele foi buscar? Baudelaire, Rimbaud e Cruz e Souza, o negro simbolista dos escarros e vísceras. E Gregório de Mattos, naturalmente, o bem-amado dos ocupantes desta cadeira. Félix Pacheco era feliz? Não sei. Sei que teve a coragem de assumir, já na maturidade, a sua condição de poeta, ele que passara a vida aspirando o buquê perverso dos inconformados, dos excluídos. Amava os gatos.

Imaginai agora uma reunião na linha dos malditos. Daqueles que, pelos caminhos mais inesperados, escolheram a ruptura. Fora do tempo e ocupando o mesmo espaço, estão todos numa sala. É noite. Os gênios ignorados num país de memória curta, que parece preferir os mitos estrangeiros como se estivéssemos ainda no século XVII, sob o cativeiro do reino. Sempre os mitos estrangeiros nos vampirizando, já estamos quase esvaídos e ainda oferecemos a jugular no nosso melhor inglês, "O vosso amor é uma honra para mim!".

Pois imaginai essa reunião com gente aqui da terra: abraçado à sua viola, num canto de sombra está Gregório de Mattos, ouvindo embevecido o piano de Villa-Lobos. Ao lado, um homem pequeno (o Aleijadinho?) diz qualquer coisa que faz Guimarães Rosa rir seu riso transparente. Tarsila desenha em silêncio, observada por Oswald de Andrade que gesticula e fala, enquanto Cruz e Souza se aproxima de Castro Alves que conversa com Glauber Rocha em tom de conspiração. Vislumbro o perfil de Brecheret. Corre o vinho. Há mais convidados, sim, mas os vultos se esgueiram e se confundem em meio da fumaça penumbrosa dos charutos. Lima Barreto, o moderador da mesa, tira a palheta e começa a falar mas ninguém presta atenção, reina a indisciplina. "É raro encontrar homens assim, diz ele, mas os há e, quando se os encontra, mesmo tocados de um grão de loucura, a gente sente mais simpatia pela nossa espécie, mais orgulho de ser homem e mais esperança na felicidade da raça."

Pedro Calmon está atento para registrar e interpretar a contraditória História, matéria para a eternidade. Chama Mário de Andrade e aponta, na vidraça da janela, dois olhos verdes que espiam enviesados. Mário abre a porta e o sorriso. O convite é à maneira bandeiriana: "Entra, Clarice, a casa é sua, você não precisa pedir licença...".

Comecei por narrar as minhas perplexidades no modesto laboratório de química da minha adolescência. Das imprevistas misturas com suas explosões, passei para o imprevisível homem com a sua circunstância e assim, nesse mundo fantástico e surrealista, juntei num forte nó as pontas extremas do fio da baianidade: Gregório de Mattos e Pedro Calmon. O herói e o anti-herói. "A disparidade dos seres é acidental", ensinou Aristóteles. "A unidade dos seres, essa é essencial." Tudo somado, chegamos às tais *misteriosas combinações* tão do agrado de Dom Pedro I, desde que nelas estivesse incluído o amor pela marquesa.

Senhores Acadêmicos, Senhora Acadêmica:
Antes da Academia Francesa de Letras (nosso modelo) receber Marguerite Yourcenar, esta Academia Brasileira de Letras teve o *beau geste* de abrir suas portas para Rachel de Queiroz. Em seguida, para Dinah Silveira de Queiroz.

"Não quero um trono" diria também Rachel. "Quero apenas esta cadeira."

A mesma paixão nos une: a paixão da palavra. A mesma luta tecida na solidão e na solidariedade para cumprir o duro ofício nesta sociedade violenta, de pura autodestruição. E neste tempo que está mais para Gregório de Mattos do que para Pedro Calmon — ah! quanta matéria para a inspiração do trovador com sua viola demolidora. Tempo que marca a plenitude da sátira política: a salvação através do humor. Com esse humor incandescente, ele iria se empenhar de novo na denúncia dos males que desde o século XVII já afligiam o país, centralizados na política com seus demônios crônicos na delirante corrida pelo poder: o demônio da Gula (leia-se voracidade), o demônio da Vaidade e o demônio da Soberba. O burocrático demônio da Preguiça, esse vem se arrastando por último.

O duro ofício de testemunhar o planeta nesta virada do século. Às vezes, o medo. Quando perseguido, o polvo se fecha nos tentáculos e solta uma tinta negra para que a água em redor fique turva e assim, camuflado, ele possa então fugir. A negra tinta do medo. Viscosa, morna. Mas o escritor precisa se ver e ver o próximo na transparência da água. Tem que vencer o medo para escrever esse medo. E resgatar a palavra através do amor.

Às vezes, a esperança. O homem vai sobreviver e essa certeza me vem quando vejo o mar, um mar que acabou, talhando com tanta poluição, embora! mas resistindo. Contemplo as montanhas e fico maravilhada porque elas ainda estão vivas. Sei que é preciso apostar e de aposta em aposta, cheguei a esta Casa para a harmoniosa convivência com aqueles que apostam na palavra. Sei ainda que estou feliz nesta noite: vejo minha família — meu filho Goffredo Telles Neto deve estar por aí, filmando, é cineasta. E vejo os meus amigos. Esses amigos que me acompanham e me iluminam.

Um Retrato

"Morto, faz lembrar o verso de Mário de Andrade: um sol quebrado." Assim o professor e crítico Antonio Candido falou sobre Paulo Emílio Sales Gomes, amado amigo de geração e de luta.

Eu estava no curso fundamental da Escola Caetano de Campos quando vi Paulo Emílio pela primeira vez liderando um comício de estudantes na Praça da República. Fiquei impressionada, meu Deus! tanta coragem daquele moço de olhar entortado e voz flamante, protestando contra a repressão política e contra a censura. Repetia muitas vezes a palavra *resistir*! Mais gente chegando. Subindo num banco e com voz apaixonada ele conclamou os ouvintes, tinham todos de participar dessa frente democrática, o único caminho que se abria para o povo do Brasil. Foi aplaudido com entusiasmo, também eu bati palmas mas sem entender que partido seria esse, no verdor da adolescência o meu envolvimento não era com a política mas com a literatura, ah! tanta paixão pela Escola Romântica com aqueles poetas tão descabelados e tão tristes, morrendo quase todos na juventude... Por coincidência o busto do poeta Álvares de Azevedo estava nessa praça e logo ali adiante, próximo do banco onde o moço fez o discurso. Chegou um meu colega do grêmio conservador e fez em voz baixa a advertência, "Cuidado, ele é fascinante mas perigoso!".

Depois dessa manhã Paulo Emílio desapareceu completamente do meu horizonte. Mais tarde, de forma assim vaga fiquei sabendo que ele tinha sido preso e depois teria viajado para a França.

Foi naquela manhã de garoa e alguns anos depois, quando eu saía de uma aula na Faculdade de Direito do Largo de São Francisco. Havia um certo movimento no pátio da escola, aproximei-me e de repente dei com ele falando a um grupo de estudantes num tom de voz assim contido, quase secreto. Notei que o grupo era de subversivos, também eu era agora uma subversiva mas disfarçava, tanto preconceito travando aquelas cinco ou seis mocinhas. Reparei ainda que o olho verde do moço estava menos entortado e o tom do discurso era agora contido, mais controlado. Nessa altura, Paulo Emílio escrevia em jornais sobre cinema e fazia parte de uma revista famosa, *Clima*, fundada por ele e pelos colegas da Faculdade de Filosofia: Antonio Candido, Décio de Almeida Prado, Lourival Gomes Machado, Ruy Coelho e — da geração mais velha — Alfredo Mesquita. Sim, crescera bastante a fama desse líder socialista, filho rebelde de uma família burguesa.

    Oportuno lembrar que nessa época a nova Faculdade de Filosofia tinha uma importância ainda maior que a "velha e sempre nova" Faculdade de Direito. Na Filosofia eram tantos os cursos de estudos avançados e tão famosos os professores estrangeiros que vinham da Europa para lecionar na escola, os "novos filósofos", assim nos referíamos a esse grupo com aquele sorriso reticente, estava na moda esse sorriso — em suma, as rivalidades e juvenilidades da *Pauliceia Desvairada*. Mas em torno de Paulo Emílio nem sombra de ironia, o apaixonado escritor do cinema brasileiro era admirado por toda a intelectualidade do Brasil.

"Na realidade éramos uns puros", escreveu o poeta Péricles Eugênio da Silva Ramos, "um crânio" (assim se dizia na época), que sabia grego e latim. Estávamos entrando na Segunda Guerra Mundial. Pelo amor de Deus, me empresta *O Capital*, eu pedi a esse Péricles enquanto tomávamos uma média na Leiteria Campo Belo, Karl Marx e as leiterias estavam na moda. "Agora não que você não vai entender nada, mais tarde!" E lembrou, já que eu andava nesse climão devia ler o poeta Maiakovski, tinha visto uma boa tradução no sebo da Rua Cristóvão Colombo. No sebo, encontrei Paulo Emílio e Germinal Feijó, um agitador da Academia. Vi que mexiam nos livros mas o tom velado era de conspiração. Convidei-os para a reunião dessa noite lá na Faculdade, aquelas reuniões lítero-musicais que Oswald de Andrade zombeteiramente chamava de *tertúlias*: conversas sobre poesia e sobre a política até o desfecho com cantorias ao som do violão lembrando os acadêmicos expedicionários que começavam a embarcar para a Itália: *Quando se sente bater/ no peito heroica pancada/ deixa-se a folha dobrada/ enquanto se vai morrer...*

Germinal Feijó desculpou-se, nessa noite tinha um compromisso e Paulo Emílio precisava rever pela terceira vez um filme de Chaplin. Saíram do sebo de cabeça baixa, olhar desconfiado e na rua retomaram aquele diálogo secreto, a ditadura de Getulio Vargas estava numa fase mais aguda. Foi nessa noite que fiquei sabendo, Paulo Emílio estava na mira do ditador e malvisto também pelos próprios comunistas, Stálin estava sendo questionado, ou melhor, desmascarado. Um apaixonado por Trótski como Paulo Emílio devia ser considerado um traidor.

O surpreendente Paulo Emílio tão severo nas suas reivindicações e de repente tão notadamente bem-humorado, assim até frívolo naquela tarde de autógrafos na livraria da Rua Marconi, ah! eis aí o outro lado da lua. Nesse tempo as tardes de autógrafos eram tão frequentes que um certo senhor de cravo na lapela (não comprava o livro, só bebia) passava a semana inteira amarrando um pileque atrás do outro nesses encontros na hora do crepúsculo. Pois foi lá que encontrei um Paulo Emílio diferente, rindo e respondendo com bem-humorada paciência as dúvidas sobre Marcel Proust. O homem do cravo no peito, já meio embriagado, queria exibir suas leituras, pois é, o Proust... E Paulo Emílio dando corda e se divertindo, ai! essa busca do tempo perdido (uma gostosa risada) não do tempo achado?!...

Lembro que me pareceu comprida aquela temporada que Paulo Emílio passou em Paris. Vivia modestamente na *Rive Gauche* (o luxo era para turistas) estudando e trabalhando e ainda com tempo para ser o assessor de Henri Langlois na Cinemateca Francesa. E vendo o melhor cinema e o melhor teatro já se aprofundava na vida e obra do cineasta maldito, Jean Vigo, filho de um famoso anarquista e diretor do filme *Zèro de Conduite* e que provocou a maior polêmica na Europa, *Zero de Comportamento*!

Paulo Emílio escreveu em francês o seu *Jean Vigo*, publicado em 1957 pela *Éditions du Seuil*. E de repente eis que o livro desse brasileiro fez o maior sucesso em Paris e no ano de 1958 recebeu o famoso *Prix Armand Tallier*, prêmio destinado ao maior livro sobre cinema lançado no país.

"Sales Gomes foi paciente como um explorador, metódico como um egiptólogo, desconfiado como um detetive e sutil como ele mesmo", assim escreveu um crítico. E André Bazin: "Com um amor só igualado por sua paciência e erudição, Paulo Emílio escreveu sobre Jean Vigo uma obra que eu qualificaria de exemplar".

Às vezes o cineasta andarilho ia em busca da graça da vida. Os amores, um casamento. E novos amigos, novos projetos e de repente aquela vontade de voltar porque já estava mesmo na hora, a gente sempre volta. Nessa volta a renovada paixão pelo Brasil com a determinação de aproveitar a experiência na pátria, "É o Brasil que me interessa, aqui estão as minhas raízes, a minha luta e a minha esperança". E acrescentou esse paulista com sangue baiano e inglês: "Daqui por diante só quero ver filme nacional, prefiro um nacional medíocre a um esplendoroso filme estrangeiro".

Com os parceiros Francisco Luís de Almeida Salles e Rudá de Andrade ele fundou a Cinemateca Brasileira, o museu vivo de cinema com um acervo das maiores obras do cinema nacional e estrangeiro. Lecionou na Escola de Comunicações e Artes, fundou escolas de cinema por todo o Brasil e colaborou em vários jornais, notadamente no Suplemento Literário de *O Estado de S.Paulo*... E livros, ah! os livros, com que alegria se preparava nas férias para escrever, cumprindo assim a vocação que era o ofício da sua paixão.

Hoje quero destacar aqui apenas dois livros, um pequeno ensaio interrompido e da maior importância, *Cinema: Trajetória e Subdesenvolvimento*, um belo estudo da militância crítica, política e cultural e com prefácio de Zulmira Ribeiro Tavares. Deixei por último esse livro do Paulo Emílio e que foi a sua maior alegria, *Três Mulheres de Três Pppês*. Sucesso de crítica, Antonio Candido chegou a compará-lo aos melhores ficcionistas franceses do século XVIII na grande tradição dos libertinos. O crítico Roberto Schwarz que escreveu um texto definitivo e que faz parte da nova edição do livro: "*Três Mulheres* é a melhor prosa brasileira desde Guimarães Rosa".

Paulo Emílio começou a escrever esse romance em 1976 na Rua Sabará onde morávamos. E foi terminá-lo nas nossas férias no pequeno e florido balneário de Águas de São Pedro. Verão, o calor. Era aconchegante o nosso pequeno apartamento, cada qual instalado na sua mesa, as janelas abertas e o ventilador ligado. Na minha máquina portátil eu escrevia os contos do *Seminário dos Ratos* e Paulo Emílio ia terminando o romance no maior entusiasmo, o cigarro aceso, o bule de café por perto, uma garrafa de água mineral e as canetas dentro de um copo. Ao anoitecer, depois do chuveiro morno, descíamos felizes para o bar do hotel para a caipirinha bem gelada, um brinde, tarefa cumprida, hein?... Eu me lembro, o meu filho Goffredo telefonou naquela noite, o Paulo atendeu, eram muito amigos e então o Paulo foi avisando, "Esse romance será dedicado a você!". Em seguida, ele voltou-se para mim, "Mas Kuko, por que você não me contou que escrever ficção é essa maravilha, ah! como é delicioso inventar histórias!".

As florinhas lilases das árvores da Rua Pernambuco já começavam a desabrochar quando ele saiu, estava tão satisfeito nessa manhã porque tinha lido uma excelente crítica de Caio Porfírio Carneiro e também o discípulo preferido Carlos Augusto Calil já tinha falado com entusiasmo sobre o livro. Antes de sair me avisou que no começo do próximo ano de 1978 iríamos vagabundear em Paris, nenhum compromisso, férias!

Saiu e não voltou. E não foi assim que ele queria que acontecesse? Não chegou a ver o débil alvorecer da nossa democracia após os Anos de Chumbo. Saiu e não voltou.

Há uma soma de seres que amei e que já se foram mas de um certo modo eles ficaram em mim, é difícil explicar mas eu diria assim que essa é uma espécie de legado e me impregnei desse legado lá no infinito que nos habita, a alma.

Resposta a uma Jovem Estudante de Letras

— Por que escrevo? Ah, que difícil responder a essa pergunta. Tentarei dar alguma resposta e sei que já estou entrando assim numa zona imprecisa. Vaga. O escritor escreve porque tenta recompor, quem sabe?, um mundo perdido. Os amores perdidos. Não será uma tentativa de recuperar a família que ficou lá longe, assim despedaçada? Ou não será o próprio eu despedaçado que ele está querendo resgatar? E se nessas personagens que procura desembrulhar ele não estiver tentando, na realidade, desembrulhar a si mesmo?
— O paraíso perdido. Nesse paraíso não está a infância? Veja bem, respondo à sua pergunta com outras perguntas e de repente cheguei à minha infância. Uma infância feliz? Infeliz? Aqueles dias de tanto sol e nuvens brancas que se transformavam inesperadamente em raios despejando as tempestades, não, nenhuma nitidez na menininha que ria ou chorava aos gritos.
Sei que gostava de me deitar no chão para ficar olhando as nuvens meio paradas, formando figuras. Também gostava de ouvir minha mãe tocar piano, ela era pianista. E de sentir o

cheiro forte do doce de goiaba que ela mexia no tacho de cobre. Meu pai fumava charuto e eu gostava de aspirar aquela fumaça azul, ah, o anel vermelho-dourado que ele tirava do charuto e eu enfiava no dedo. Mas o anel era largo, eu tinha que fechar a mão para que ele não caísse. Minha mãe rezava ajoelhada diante do quadro do Sagrado Coração de Jesus. Rezava em voz alta e pedia milagres enquanto eu ia me esconder no quintal. Costurava muito pedalando na máquina Singer mas acho que gostava mesmo era de tocar piano.

Meu pai era muito alto, falava grosso, usava gravata-borboleta e palheta branca com uma larga fita preta. Na delegacia era chamado de doutor e eu imaginava que devia ser um homem importante porque todo mundo, fardado ou não, obedecia quando ele dava ordens. Mas penso que gostava mesmo era de jogar, apostava nos números. Herdei o vício, eu jogo com as palavras, aposto nas palavras, um jogo perigoso? Não sei, sei que é fascinante.

Hoje nós perdemos mas amanhã a gente ganha. Roleta. Eu nem respirava enquanto a bolinha de marfim vinha aos pulos e parava de repente. Então o homem magro estendia a pá comprida e começava a recolher as fichas. As nossas fichas. Mas ele não parecia se preocupar muito porque logo em seguida, com aqueles mesmos gestos largos, recomeçava a amontoar outras fichas nos números da mesa. Eu achava lindo aquele seu gesto amplo, generoso mas ainda assim, tremia. Às vezes, ele me consultava, E agora? No vermelho?

Disse um dia que ganhou num jogo de cartas uma parte grande do Morro do Ouro. Ele é mesmo de ouro, pai? perguntei e ele acendeu o charuto: Todo de ouro e sou o dono de um pedaço disso tudo. Era um fim de tarde, o sol vermelhão mergulhando em chamas por entre as pedras. Olhei e vi o morro inteiro dourado.

— As pajens de mãos fortes e duras me esfregavam com força quando me davam banho. E faziam os tais papelotes bem apertados em dia de procissão, meu cabelo era escorrido e anjo tem que ter o cabelo crespo. Sou do Signo de Áries, domicílio do planeta Marte. A cor do signo é o vermelho, a cor da paixão. Da guerra, "Estou em paz com a minha guerra", digo citando Camões.

Mas também aposto no verde. A minha bandeira (se tivesse uma bandeira) seria metade vermelha e metade verde, gosto muito do verde, a única cor que amadurece e que me faz pensar na esperança. Que se mistura ao vermelho com seus laivos de cólera, às vezes, a cólera.

— Leitores? Eu sei, eu sei, os que escapam do analfabetismo e da miséria, esses não têm o hábito da leitura. Ou quando vão às livrarias, como obedientes colonizados, preferem os autores estrangeiros que naturalmente estão mais expostos. E fortalecidos pela propaganda da televisão e do cinema. Ainda assim, essa servidão da esperança que herdei daquele pai jogador apalpando os bolsos vazios no fim da noite. *Les jeux sont faits!* avisava o homem magro com cara de destino. Mas amanhã a gente ganha.

Leitores, leitores. Não somos lidos na América Latina, quem nos conhece na Venezuela? No Chile? No encontro *La Nueva Narrativa Latinoamericana*, na Colômbia, fui para falar da mulher na literatura brasileira e acabei informando ao público qual era a língua falada no Brasil, perguntaram e eu respondi, falamos e escrevemos em português mas o modo é brasileiro, acrescentei bem-humorada, não perder o humor. Informei ainda quais eram os nossos usos e costumes, sobre os quais os simpáticos camaradas de letras tinham uma vaga ideia com aqueles coloridos de folclore.

— Sou escritora e sou mulher — ofício e condição humana duplamente difíceis de contornar, principalmente quando me lembro como o país (a mentalidade) interferiu negativamente no meu processo de crescimento como profissional. Eu era reprimida mas disfarçava bem a minha timidez em meio à imensa carga de convenções cristalizadas na época. Não baixar a guarda, repetia a mim mesma, não baixar a guarda! Tinha aprendido esgrima nas aulas de Educação Física mas não era atenta porque vinha o adversário e haaá! espetava com a ponta do florete o meu coração exposto, era um pequeno coração de feltro vermelho pregado no lado esquerdo da túnica. Penso hoje que a minha libertação foi facilitada durante as extraordinárias alterações pelas quais passou o Brasil desde a minha adolescência até os dias atuais.

Segunda Guerra Mundial. Eu era muito jovem quando estudava na Faculdade do Largo de São Francisco e ao meio-dia saía correndo para tomar uma coalhada. Em seguida, assinar ponto na Secretaria de Agricultura onde era uma pequena funcionária. Ainda assim, arrumava tempo para a subversão, namorava pouco, é verdade, mas fui presença constante nas passeatas contra a ditadura de Getulio Vargas. E agora eu me lembro de uma famosa passeata que fizemos com um lenço preto amarrado na boca, o chefe da Segurança Pública já tinha avisado, podíamos nos agrupar mas não falar, seria a passeata do silêncio. Daí a ideia do lenço. Eu me lembro, fui encarregada com outro colega de ir comprar a gaze preta numa loja de tecidos na Rua Direita. Então pedi ao caixeiro, quero aquela gaze ou filó preto, desse tipo para cobrir o caixão. Ele trouxe a peça para o balcão, apanhou a medida métrica e quis saber quanto devia cortar. Fiquei na dúvida, a passeata ia ser concorrida, não? Cochichei com o meu colega e decidimos, Corte até uns três metros, ordenei e o caixeiro arregalou os olhos, Mas o defunto é tão grande assim? Então desatamos a rir, a gente gostava de rir.

— Fala-se em modernização, na valorização da mulher como artista. Mas penso que neste século (segundo uma ideia de Paulo Emílio Sales Gomes) a modernização em geral só modernizou a burguesia. Pertenço, por exemplo, a uma corporação que precisa procurar sempre outros recursos além dos relativamente modestos proporcionados pela atividade literária, são raros os escritores que ficaram ricos com o dinheiro dos livros. Os outros ficam aí se virando na voragem de uma vida que virou um artigo de luxo. Confesso que há muito me vejo reivindicando maior valorização no campo da palavra escrita, Combati o bom combate. Quanto às mulheres propriamente burguesas, essas não precisam mesmo de nenhum amparo.

— Não somos inocentes e por isso sabemos que há no Brasil três espécies em processo de extinção: a árvore, o índio e o escritor. Mas isso eu escrevi há alguns anos porque não é mais o escritor que está em processo de extinção, mas sim o leitor que está em fuga desabalada. Quanto à árvore creio que não é preciso acrescentar mais nada, que tristeza ver as florestas sendo devastadas. E o índio?

Quando andei pela África, um dos homens da Unesco me disse: "Cada vez que morre um velho africano é assim como uma biblioteca que se incendeia". Será que antes de chegarmos à solução final do nosso problema indígena teremos ainda tempo de captar um pouco desse legado? Um pouco da sua arte e da sua vida nas quais o sagrado e a beleza se confundem para alimentar a nossa cultura e o nosso remorso.

— E resistimos, testemunhas e participantes deste tempo e desta sociedade com o que tem de bom e de ruim. E tem ruim à beça, inspiração é o que não falta aos que escrevem. E falei agora uma palavra que saiu de moda e é insubstituível, *inspiração*.

Algumas das minhas ficções se inspiraram na imagem de algo que vi e guardei, um objeto? Uma casa ou um bicho? Outras ficções nasceram de uma simples frase que ouvi e registrei e um dia, assim de repente a memória (ou tenha isso o nome que tiver) me devolve a frase que pode inspirar um conto. Há ainda aquelas ficções que nasceram em algum sonho, abismos desse inconsciente que de repente escancara as portas, Saiam todos! A loucura, o vício, a paixão, ah! eu teria que ter o fôlego de sete vidas, assim como os gatos, para escrever sobre esse mar oculto.

Então, Adeus!

Diante da Biblioteca Municipal, subindo e descendo as escadarias, formaram-se duas filas disciplinadas como carreirinhas de formigas indo e vindo sem parar. Renovavam-se as pessoas e, no entanto, as caras pareciam sempre as mesmas: a fila que subia tinha o ar ansioso, mistura de curiosidade e temor. Já a fila que descia parecia mais calma embora meio pasmada, com essa expressão feita do espanto e do medo que têm os vivos diante da morte.

No esquife reluzente, a face sem brilho com as negras sobrancelhas de um só traço de carvão. Os olhinhos maliciosos estavam agora fortemente cerrados e cerrada a boca irônica, na expressão de quem nada mais tem a dizer.

Em redor, prosseguia o desfile de jovens e velhos, mulheres e crianças, interminável o respeitoso ruído do arrastar dos pés: passou a velhota pálida de xale na cabeça, passou o homem grandalhão e próspero, passou a negra gorda de cara severa e vestido com ramagens, passou o quase mendigo de mãos amarelas, passou a menininha assustada, os olhos redondos cheios de lágrimas... As personagens vivas de Monteiro Lobato desfilando diante de Monteiro Lobato morto: Dona Benta e Tia Anastácia, o Coronel e Jeca Tatu, Narizinho e a boneca Emília, a menininha de cabelo arrepiado não era a Emília? Muitos daqueles que correram até o velório nunca tinham lido seus livros mas ouviram falar nele. Outros, nem sabiam ler mas conheciam suas histórias. Vislumbrei a mocinha com um livro do escritor, *Reinações de Narizinho*, estava ali como se viesse pedir um autógrafo. Consumiram-se as velas altas, murchavam as flores frescas. E só o desfile não tinha fim porque nunca tem fim o desfile do povo.

Começaram a chegar as coroas e os homens importantes, civis e militares "em nome de" e "em nome próprio". As explorações políticas com os atentos candidatos e discursos no tom propício das reivindicações. Toda atenção (disfarçada) para os fotógrafos que estão chegando, mais ênfase nos discursos. Mais retratos.

Pensei então no Lobato que fui visitar quando estivera preso no velho e frio casarão da Avenida Tiradentes. Eu tinha acabado de entrar para a Faculdade de Direito quando de repente, num impulso de audácia, resolvi visitar o escritor dos meus verdes anos. Entrei no pátio da Escola para a primeira aula quando um colega veio me contar que ele fora preso por crime de opinião e achei que devia levar-lhe minha solidariedade. Quando o guarda do presídio pediu meus documentos eu entreguei-lhe minha carteirinha de estudante. Ele teve uma expressão divertida e encolheu os ombros, que eu entrasse mas antes teria que vistoriar a minha bolsa, nenhuma arma? Na saleta com algumas cadeiras e uma mesa tosca lá estava o escritor de terno, gravata e barba feita. E tão bem-disposto que cheguei a tropeçar nas palavras, afinal, viera trazer-lhe o meu consolo e era eu que devia ser consolada. Falei sobre os seus livros que ocupavam duas prateleiras da minha estante mas ele desviava o assunto, queria saber dos meus estudos, do meu trabalho. Eu mal disfarçava a minha surpresa por vê-lo assim tão desligado daquela prisão, daquele castigo. Sim, eu já sabia que era um homem que sempre fugira das honrarias, das homenagens, avesso a formalismos, preconceitos. Mas não esperava vê-lo assim como que fortalecido, crepitando como uma fogueira. E sem perder o humor, sem perder a ironia de quem, em meio do caos político reinante, não podia mesmo levar coisa alguma a sério. Perguntei-lhe pela saúde, já tinham me falado de sua constituição delicada.

— Que saúde?! perguntou e riu gostosamente. Tomou um ar secreto, confidencial: O importante é não entregar os pontos, fincar o pé. Na noite escura, na negra noite dos velhos, os sons vão se amortecendo, vozes e imagens vão ficando distantes. A gente fica só. E porque está escuro, só aí é que damos com o vivíssimo olho da morte ora surgindo por detrás das moitas, por detrás de um muro, a nos espreitar... A gente então precisa acender o fogo e ficar assim vigilante, acordado. Enquanto isso, vamos fazendo nossas coisas, as coisas que mais amamos e tirando o melhor partido de tudo. Mas é preciso ficar atento, não deixar que esse fogo se apague porque ai de nós se pegamos no sono!

Fiquei muda, olhando o homenzinho de pele esverdinhada e olheiras fundas, denunciando um antigo cansaço. Mas os olhos, esses eram ardentes como brasas acesas. Perguntei-lhe se o tratavam bem e ele confessou que ali levava um vidão, com tempo de sobra para ler e escrever. Mas não fora mesmo uma ideia genial essa do Getulio Vargas obrigá-lo a repousar um pouco?

— Se ele soubesse o quanto sou-lhe grato por isso! Saindo daqui, hei de escrever mais cartas, dezenas de cartas! E a auréola que este presídio nos dá, ontem me apareceu um sujeito fazendo um convite, quer que eu seja uma figura importantíssima aí de um partido político. Está claro que não aceitei porque quando se entra num partido, os mandachuvas já começam a dar ordens e logo sinto ganas de fazer exatamente tudo ao contrário do que ordenam. Quero ficar de fora, livre para poder ir dizendo as verdades, fira a quem ferir!

O código de honra daquele homenzinho franzino que passara por tantas dificuldades nas editoras, nos jornais e ainda assim incentivava os jovens autores, apostava no futuro de um Brasil sem saúvas e sem maleita, apostava e investia com paixão nessa luta, barra de ferro que nem ameaças de pancadarias e exílio conseguiam vergar. Ele sempre soubera, por exemplo, que seria acusado de antipatriota quando mostrasse a realidade sobre o nosso homem do campo. Contudo, não vacilou em mostrar com toda a sua crueza a face do nosso Jeca Tatu. Um Jeca Tatu bem diferente daquele descrito pelos nossos românticos que à maneira do indianismo criaram também o caboclismo, com o caboclo tão embandeirado quanto o índio, símbolo da coragem. Da força. Então lá veio o escritor desmentindo os sertanistas de gabinete e trouxe um Jeca amarelento e de cócoras, com uma só resposta descorçoada ao convite para o trabalho, "Não paga a pena...".

Com a sua agudeza e percepção, ele sabia das reações que logo viriam através dos articulistas empolados: "Com isso, o senhor Monteiro Lobato põe por terra a digna figura do nosso trabalhador rural". Mas antes, muito antes desse Jeca mofino que o escritor criou, Rui Barbosa já teria dado a melhor resposta: "E pode-se pôr por terra alguém que não está de pé?".

Para a humilhação dos governos e advertência sarcástica à pompa das cidades, nas praças e jardins foi se erguendo misteriosamente o monumento à miséria e à ignorância, à preguiça e à matreirice: Jeca Tatu de braço dado com Macunaíma, caricaturas meio perversas do herói sem caráter. *Ridendo castigat mores*, castigar os costumes através do riso. Ele sabia que se gritasse aos quatro ventos, Há petróleo no Brasil!, os responsáveis pela nação ficariam furiosos porque essa era uma afirmação absolutamente inconveniente. Contudo, estudando a fundo a questão, foi ele o precursor dessa bandeira. O precursor e o sonhador.

Biblioteca Municipal, 1948. As cordas já não conseguiam mais conter o povo que agora se aglomerava desordenado na escadaria de pedra, passava das duas horas e às três em ponto o contador de histórias teria o encontro definitivo com a terra. Na Rua Marconi, encontrei-me com um jovem grupo da chamada classe intelectual. Falei sobre o morto. O moço de ar enfastiado deu um suspiro, mas não estava mesmo na hora de desocupar o lugar, passar para outro o bastão? E sempre com aquela afetação, aquela pose! Ultimamente já vivia metendo os pés pelas mãos...

Pensei em dizer-lhes que ninguém iria ocupar aquele lugar que ele deixou, quem podia escrever naquela mesma inocente e buliçosa linguagem das crianças, quem?! A graça irreverente das personagens que ele inventou, mas não era mesmo um ser insubstituível? A realidade prosaica de mistura com o sonho. O que eles chamavam de afetação era aquela sua naturalidade sem disfarce, a indiferença, o desprezo pelo poder. Traduziu *Dom Quixote* para as crianças e ele próprio se enredara nos seus moinhos, "Fico feliz quando as crianças ficam felizes".

Despedi-me do grupo e fui andando até a Praça da República. Nessa mesma praça eu o encontrara assim ao acaso, pela última vez. Foi numa daquelas alamedas. A manhã nevoenta. Ele vinha vindo sem pressa, as mãos enfurnadas nos bolsos do sobretudo escuro, um cachecol enrolado no pescoço. E o chapéu de feltro cinzento. Ficamos parados e nos examinando por um momento, ah! a surpresa tão agradável. Então, eu já estava casada? perguntou e olhou para as minhas mãos. Sem aliança mas com o anel de doutor, viva! exclamou sacudindo a cabeça.

A voz com aquele antigo entusiasmo mas os olhos, esses tinham perdido o brilho. Por um momento, pareceram-me quase sonolentos, assim como brasas mortiças sob a camada de cinza. Lembrei-me daquela conversa e daquele aviso, não deixar que o fogo se apague porque ai de nós se pegamos no sono!...

Algumas crianças corriam no gramado atrás de um cachorro. Risos e vozes estridentes. Ele ficou olhando. Despedimo-nos. Senti sua mão um tanto úmida. Fria.

— Então, até a vista! — eu disse.

Ele sorriu.

— Então, adeus!

Resposta a Clarice Lispector

"Eu pretendia ir a São Paulo para entrevistar Lygia Fagundes Telles, pois valia a pena a viagem. Mas acontece que ela veio ao Rio para lançar seu novo livro, *Seminário dos Ratos*.

"Entre parênteses: já comecei a ler e me parece de ótima qualidade. O fato dela vir ao Rio, o que me facilitaria as coisas, combina com Lygia, ela nunca dificulta nada. Conheço a Lygia desde o começo do sempre pois não me lembro de ter sido apresentada a ela. Nós nos adoramos. As nossas conversas são francas e as mais variadas. Ora se fala em livros, ora se fala sobre maquiagem e moda, não temos preconceitos. Ora se fala em homens.

"Lygia é um *best-seller* no melhor sentido da palavra. Seus livros simplesmente são comprados por todo mundo. O jeito dela escrever é genuíno pois se parece com o seu modo de agir na vida. O estilo e Lygia são muito sensíveis, muito captadores do que está no ar, muito femininos e cheios de delicadeza.

"Antes de começar a entrevista quero lembrar que na língua portuguesa, ao contrário de muitas outras línguas, usam-se poetas e poetisas, autor e autora. Poetisa, por exemplo, ridiculariza a mulher-poeta. Com Lygia há o hábito de se escrever que ela é uma das melhores contistas do Brasil. Mas do jeitinho como escrevem, parece que é só entre as mulheres escritoras que ela é boa. Erro: Lygia é também entre os homens escritores um dos escritores maiores. Sabe-se também que recebeu na França (com um conto seu, num concurso a que concorreram muitos escritores da Europa) um prêmio. De modo que falemos dela como ótimo autor. Lygia, ainda por cima, é bonita (não sei se no retrato dá para perceber). Comecemos, pois."

Clarice: Como nasce um conto? Um romance? Qual é a raiz de um texto seu?
Lygia: São perguntas que ouço com frequência. Procuro então simplificar essa matéria que nada tem de simples. Lembro que algumas ideias podem nascer de uma vaga imagem. Ou de uma frase que se ouve por acaso. A ideia do enredo pode ainda se originar num sonho. Tentativa vã de explicar o inexplicável, de esclarecer o que não pode ser esclarecido no ato da criação. A gente exagera, inventa uma transparência que não existe porque — no fundo sabemos disso perfeitamente — tudo é sombra. Mistério. O artista é um visionário. Um vidente. Tem passe livre no tempo que ele percorre de alto a baixo em seu trapézio voador que avança e recua no espaço: tanta luta, tanto empenho que não exclui a disciplina. A paciência. A vontade do escritor de se comunicar com o seu próximo, de seguir esse público que olha e julga. Vontade de ser amado. Nesse jogo ele acaba por arriscar tudo. Vale o risco? Vale se a vocação for cumprida com amor, é preciso se apaixonar pelo ofício, ser feliz no ofício. Se em outros aspectos as coisas falham (tantas falham!) que ao menos fique a alegria de criar.
Clarice: Para mim a arte é uma busca, você concorda?
Lygia: Sim, a arte é uma busca e a marca constante dessa busca é a insatisfação. Na hora em que o artista botar a

coroa de louros na cabeça e disser "Estou satisfeito", nessa hora mesmo ele morreu como artista. Ou já estava morto antes. É preciso pesquisar, se aventurar por novos caminhos, desconfiar da *facilidade* com que as palavras se oferecem. Aos jovens que desprezam o estilo, que não trabalham em cima do texto porque acham que logo no primeiro rascunho já está ótimo, a esses recomendo a lição maior que está inteira resumida nestes versos de Carlos Drummond de Andrade:

> *Chega mais perto e contempla as palavras.*
> *Cada uma*
> *tem mil faces secretas sob a face neutra*
> *e te pergunta, sem interesse pela resposta,*
> *pobre ou terrível, que lhe deres:*
> *Trouxeste a chave?*

Você, Clarice, que é dona de um dos mais belos estilos da nossa língua, você sabe perfeitamente que apoderar-se dessa chave não é assim simples. Nem fácil, há tantas chaves falsas. E essa é uma fechadura cheia de segredos.

Clarice: Fale-nos do *Seminário dos Ratos*.

Lygia: Procurei uma renovação de linguagem em cada conto desse livro, quis dar um tratamento adequado a cada ideia: um conto pode dar assim a impressão de um mero retrato que se vê e em seguida esquece. Mas ninguém vai esquecer esse conto-retrato se nesse retrato houver algo além da imagem estática. O retrato de uma árvore é o retrato de uma árvore. No entanto, se a gente sentir ou intuir que há alguém atrás dessa árvore, que detrás dela alguma coisa está acontecendo ou vai acontecer, se a gente perceber que na aparente imobilidade está a vida palpitando no chão de insetos, ervas — então esse será um retrato inesquecível. O escritor — ai de nós! — quer ser lembrado através do seu texto. E é tão fraca a memória do leitor! Leitor brasileiro, então, além da memória fragilíssima, é inconstante. O

Padre Luís, um santo (fez a minha primeira comunhão, foi quem me apresentou a Deus), me contou que um dia conduziu uma procissão no Rio. A procissão saía de uma igreja do Posto Um, dava a volta por Copacabana e retornava em seguida. Trajetória curta. Muita gente, todo mundo cantando, as velas acesas. Mas à medida que a procissão ia avançando os fiéis iam ficando pelas esquinas, tantos botequins, tantos cafés. E o mar?... Quando finalmente voltou à igreja, ele olhou para trás e viu que restara apenas uma meia dúzia de velhos. E aqueles que carregavam os andores. "As pessoas são muito volúveis", concluiu o Padre Luís. Em outros termos, o mesmo diria Garrincha quando, um mês depois de ser carregado nos ombros por uma multidão delirante, com o mesmo fervor e no mesmo estádio foi fragorosamente vaiado. Tão volúveis...

Clarice: Isso não é pessimismo?

Lygia: Não, não sou pessimista. O pessimista é um mal-humorado e graças a Deus conservo o meu humor. Sei rir de mim mesma. E (mais discretamente) do meu próximo, mas esse seria um riso fraterno, amoroso. A zombaria mesmo é diante daqueles enfatuados, bêbados do poder e da glória e que enchem o peito de ar, abrem o leque da cauda e vão por aí duros de vaidade, Eu ficarei! Não fica nada. Ou melhor, pode ser até que fique. Mas o número daqueles que não deixaram nem a poeira é tão impressionante que seria muita inocência não desconfiar. Sou paulista e assim como o mineiro, o paulista é desconfiado. Melhor é dizer com Millôr Fernandes, "Quero ser amado em Ipanema agora!". Em Ipanema vou lançar esse *Seminário dos Ratos*. O que já é alguma coisa...

Clarice: Como nasceu esse título?

Lygia: Houve em São Paulo um importante seminário contra roedores, lá acontecem muitos seminários, esse era contra os ratos. "Daqui por diante eles estarão sob controle", anunciou um político com ênfase e o público caiu na gargalhada porque nessa hora exata um rato atravessou o palco. Tantos projetos, promessas fabulosas. Discursos e mais discursos com aqueles intervalos para os coquetéis. Lá no inferno deveria existir um círculo especial destinado aos políticos que prometem e não cumprem. Pensei então de repente numa inversão de papéis, ou seja, nos ratos expulsando todos e se instalando soberanos no seminário. É a epígrafe drummoniana do conto, *Que século, meu Deus! — exclamaram os ratos. E começaram a roer o edifício.*

Clarice: E os demais temas do livro?

Lygia: São contos que giram em torno de ideias que me envolvem desde que comecei a escrever, a solidão. O amor e o desamor. A loucura e a morte — enfim, tudo isso que aí está em redor. Com humor, às vezes, sou do signo de Áries, recebo a energia do Sol. E de Deus, o que vem a dar no mesmo, tenho paixão por Deus.

Clarice: Há muita gente louca no *Seminário dos Ratos.*

Lygia: Sim, há um razoável número de loucos nesse livro e também nos outros. Mas a loucura não anda por aí galopando? Um dia, perguntei ao meu pai se ele gostava de loucos. Prefiro os cantores, ele respondeu. Prefiro os cantores.

Clarice: O que mais lhe perguntam?

Lygia: A pergunta constante, compensa escrever? Economicamente, não. Mas compensa tanto por outro lado, através do meu trabalho fiz os meus melhores amigos. Ainda é preciso lembrar do leitor, da solidariedade desse leitor que me procura e me abraça. "As glórias que vêm tarde já vêm frias", escreveu o poeta, aquele Dirceu de Marília. Quero dizer então, me leia enquanto estou quente.

Às Vezes, Irã

Na Pérsia, todos os gatos são persas, os gatos e os tapetes. Eu pisava nos grandes tapetes do grande hotel, bebia o vinho dourado e ficava olhando a miniatura do rótulo vermelho da garrafa com o príncipe de turbante, tocando um bandolim. Um príncipe ou o poeta Omar Khayyám no seu belo jardim? Foi o poeta que marcou a minha juventude puritana, ah! ele ensinava que é preciso beber e não pensar, beber e esquecer porque amanhã a lua talvez venha a nos procurar em vão.

Não procurou em vão porque tantos anos depois dei de cara com essa mesma lua naquela Pérsia que hoje é o Irã. Festival Internacional de Cinema, outubro de 1968. Paulo Emílio e eu éramos convidados e não amigos do rei, o que é diferente, ouviu isso, Manuel Bandeira?! Convidados e não amigos, ah! tantas vezes lembrei desse poema. Mas espera e já chegamos lá, agora quero falar nessa Pérsia dos dosséis bordados de ouro, das abóbodas ornadas de estrelas, dos leões alados, quero falar das escadarias com aqueles perfis de pedra, sim, os antigos reis na eternidade das escadas. Mas então aquela Pérsia com a Pasárgada do poeta Manuel Bandeira tinha mesmo existido? A Pasárgada que o nosso poeta escolheu como o refúgio quando chegasse o tempo da fuga, mas então aquela maravilhosa Pasárgada fazia mesmo parte do mapa? O poema dos meus verdes anos, quando vinham as horas de fugir dos problemas, fugir! *Vou-me embora pra Pasárgada/ Lá sou amigo do rei...*

Não amigos mas convidados. O meu espanto quando naquela manhã a nossa guia num francês perfeito anunciou que iríamos visitar o túmulo do Rei Cyro, o Grande, fundador de Pasárgada. Quer dizer que Pasárgada não era uma invenção poética? Quando vi a pedra carcomida da tumba do Rei Cyro, o Grande, fiquei emocionada e recitei para o Paulo aqueles versos que decorei na juventude, recitei em voz baixa mas os turistas em redor ouviram e estranharam, mas que idioma seria aquele?!

Espera, isso aconteceu depois porque ainda estamos na pomposa recepção do Palácio com a presença de Farah Diba que é persa na beleza e na figura, o Irã das rebeliões e do petróleo, esse ficou lá fora. Um Irã que não víamos porque nossos amáveis guias tinham por missão mostrar aos convidados só o lado amável do Império. Nas raras ocasiões em que tentamos a fuga aparecia a jovem com seu bem talhado costume, Precisam de alguma informação? E gentilmente nos reconduzia aos caminhos programados.

Mas este era um casal rebelde, que gostava de escapulir das festas tão sedutoras com os vinhos e o caviar de cor cinza-chumbo, o melhor caviar do mundo. Enfim, queríamos Teerã com a realidade das suas praças e mercados, ver o povo, onde estava esse povo? Só víamos a nossa bela anfitriã imperial com seu longo vestido de musseline verde-água, o discreto penteado e a discreta coroa de esmeraldas, eu prometera enviar-lhe a antologia de Manuel Bandeira em versão francesa e com o poema, lembra?

Vou-me embora pra Pasárgada
Lá sou amigo do rei.

Ainda a confidência e o apelo porque aqui o poeta não é feliz:

E quando eu estiver triste
Mas triste de não ter jeito
Quando de noite me der
Vontade de me matar
Lá sou amigo do rei.

Não amigos, mas convidados do rei, aquele casal que certa noite resolveu fugir da festa, nossa guia estava distraída e assim o Paulo Emílio e eu fomos pelos labirintos palacianos e de repente, a rua. Ficamos olhando longamente a lua nascendo vermelha, em carne viva. Que lua! eu disse e entramos na cidade, nenhum plano nessa fuga mas por um singular instinto fomos nos aproximando do centro, lá onde devia pulsar o colérico-manso coração iraniano.

Na andança acabamos por nos perder e nesse andar de perdição fomos desembocar numa praça fervilhante de gente, mas não era estranho? Embora as pessoas se cruzassem e se comunicassem ativamente, ouvíamos apenas murmurejos, vozes assim reprimidas como nas rezas. E não estavam rezando mas estavam conspirando, ah! era esse o tom da conspiração: tinhamos entrado no próprio coração da rebelião, mas o que estavam tramando sob aquele luar agora lívido? A linguagem impossível, as caras impossíveis das mulheres veladas, só os olhos visíveis. As caras fechadas dos homens de pesadas batas e panos enrolados na cabeça, no feitio de turbante. Andavam de um lado para outro, inquietos mas contidos, com um jeito furtivo de sombras se entendendo mais no silêncio do que na fala: olhos baixos, ombros curvos, pareciam prontos para — para o quê?!

Fomos nos adiantando devagar e eles iam abrindo passagem, respeitosos e desconfiados, mas o que pretendiam esses dois estrangeiros? Sentimos o cheiro dessa desconfiança quase tão forte quanto o cheiro do medo. Paulo Emílio segurava no meu braço, Vamos voltar? eu disse mas o caminho (passagem do Mar Vermelho) já tinha se fechado atrás de nós. Um velho barbudo, de panos e bata preta me entregou um panfleto e desapareceu em seguida. Olhei o papel com os densos caracteres da subversão. Já ia guardá-lo na bolsa quando alguém arrancou-o da minha mão, aquilo não era para nós.

Podem sair daqui! ordenou com um gesto agressivo o homem alto que de repente se pôs na nossa frente, o gesto mais forte do que a fala. Calmamente e em francês, Paulo Emílio esclareceu, ele era um dos jurados do Festival Internacional de Cinema, saímos apenas para andar e agora estávamos perdidos, sim, desejamos ir para o hotel mas que direção tomar? O homem entendeu e pareceu-me mais brando na pausa silenciosa mas o olhar ainda era severo. Fez um gesto, que o acompanhássemos. Obedecemos. Descemos uma longa escada e de repente paramos estarrecidos: diante de nós, num largo claro aberto em meio do povo, quatro forcas com os corpos de quatro enforcados pendendo das cordas. Eu não queria olhar, não queria e continuava olhando as cabeças entortadas — baixei depressa a minha, Ô meu Deus, meu Deus! fiquei repetindo. Meu olhar fôra breve e ainda assim guardara tanto: as forcas com os corpos metidos em camisolões, pés descalços, sem o turbante. Um deles tinha a cabeleira negra fechada como um capacete, eles eram jovens?

O homem alto e severo que nos conduzia aquietou com a mão a barba grisalha que o vento arreliou. Voltou para nós o olhar severo. Paulo Emílio apertou-lhe o ombro num gesto fraterno. O homem baixou por um instante a cabeça e prosseguiu andando na nossa frente, devia ser um líder porque todos iam abrindo passagem com um murmurejar respeitoso. Assim que o homem parou de repente vi que já estávamos fora da praça. Olhei para trás e não vi mais os rebeldes com o jovem da cabeleira negra e a língua. Comecei a tremer. Paulo segurou na minha mão enquanto o homem com um gesto firme indicou a direção que devíamos tomar. Sua fisionomia não era mais agressiva, ao contrário, havia nela apenas uma polida tristeza. Paulo começou um agradecimento que ele mal ouviu, despediu-se com um gesto breve e se foi. Saímos em marcha acelerada. Paulo então acendeu um cigarro enquanto eu tentava ordenar minha fala, afinal, tínhamos então dois países, o Irã irado que descobrimos há pouco, com a luz da lua batendo na língua do enforcado da mesma cor chumbo do caviar. E o Irã feliz com a fagueira Pasárgada de Manuel Bandeira, poeta e amigo do rei:

E como farei ginástica
Andarei de bicicleta
Montarei em burro brabo
Subirei no pau-de-sebo
Tomarei banhos de mar!

Paulo Emílio interrompeu-me ao atirar longe o cigarro, Agora não quero tomar um banho de mar mas tomar um copo de vinho. E você?

Rimos juntos e entramos no hotel.

Encontro com Drummond

Foi por volta do ano de 1944 que li pela primeira vez as poesias de Carlos Drummond de Andrade. Cursava então a Faculdade de Direito e estava — como quase todos os da minha geração acadêmica — meio mergulhada ainda nas doçuras romântico-parnasianas quando de repente li o poeta de Itabira. No início, o choque. A perplexidade. Mas que poeta era aquele? E que poesia era aquela? É certo que já tinha me iniciado na poesia moderna de um Manuel Bandeira, de uma Cecília Meireles, de um Guilherme de Almeida, de um Vinicius de Moraes, de um Mário de Andrade... Mas esses eram modernos mais moderados, digamos, mais comedidos. Neles eu encontrava facilmente o lirismo, eu que ainda não dispensava o lirismo nos borbulhamentos de um Castro Alves, de um Gonçalves Dias, de um Álvares de Azevedo. E a verdade é que eu ainda conservava interiormente a mesma apaixonada face ginasiana, quando então recitava Casimiro de Abreu.

Mas que poeta é este? fiquei me perguntando. A poesia que eu amava retratava um mundo ideal, às vezes amargo, sim, dolorido mas revestido sempre de uma certa beleza. E eis que agora, com a mesma força e com o mesmo misterioso poder, aquele poeta mineiro, aquele Carlos Drummond de Andrade me arremessava a um mundo real, tão real que chegava a me assustar com o imprevisto de sua realidade antipoética e da qual eu sempre fugira a galope. Afinal, aquele mundo de cimento armado e de funcionários públicos, de dentes de ouro e de calvas, de ratos e de mortos não em esquifes dourados mas encaixotados convenientemente, como cebolas — aquele mundo de desencanto e de náusea devia mesmo ser cantado em versos? Foi esta a minha primeira dúvida: aquele mundo tão miseravelzinho devia ser motivo de poesia? E podia haver beleza nesse tipo de poesia?

Lembro-me de que estava numa aula de Economia Política. E enquanto lá na cátedra o professor pedia nossa maior atenção ao acentuar que Economia Política era uma dama esquiva, eu folheava o livro do poeta de Minas e pensava que ali estava uma poesia mais esquiva ainda. Assinalei com lápis vermelho os poemas que me pareceram mais fáceis de serem entendidos: os mais líricos. E passei furtivamente o livro a um colega com um bilhete: Leia só as poesias que marquei e me diga depois o que você achou.

Já no fim da aula ele devolveu-me o volume com uma frase: "Li tudo. Completamente louco. Fabuloso".

Lembro-me ainda de que entramos numa livraria para comprarmos, de sociedade, um tratado de Economia Política e acabamos comprando outro livro do poeta. Ao lado, o colega de cara incendiada e cabeleira de Carlos Gomes fumava cigarro após cigarro. E ria: "Esse cara é meio louco mas é uma maravilha. Você viu aquela história da pedra? *No meio do caminho tinha uma pedra. Tinha uma pedra no meio do caminho...*".

Apenas uma pedra no meio do caminho. *Nunca mais me esquecerei desse acontecimento*, eu disse no fim do ano quando fiquei para segunda época. Apenas uma pedra. Outros acontecimentos e outras pedras viriam depois mas justamente esse poema que eu não indicara com receio de que meu colega arrepiasse carreira e não quisesse ler os demais — justamente esse poema que eu quisera que passasse em branco me marcava como aquele lápis vermelho marcando o papel da minha reprovação.

Aos poucos, quase inconscientemente, comecei a recorrer à poesia do itabirano em face deste ou daquele acontecimento. Alguns versos trágicos, outros, divertidos mas impregnados, às vezes, de uma graça meio triste e que passei a compreender melhor: a graça dos que escorregam e ficam a esfregar no chão as solas dos sapatos, na tentativa de se livrar de uma casca que nunca existiu. A úmida graça chapliniana, com pudor da tristeza, com pudor da alegria, disfarçando o lirismo mais furtivo do que o gesto de Carlitos a esconder no bolso a flor que pretendia oferecer à bem-amada. A bem-amada que ele encontrou passeando de mãos dadas com outro.

Lembro-me também — ah! as primeiras lembranças drummonianas — de que vi certa manhã um calouro rasgar enfurecido o poema inspirado nesse mesmo Charlie Chaplin. Lembro-me também de que vi um outro jovem ler esse poema com os olhos cheios de lágrimas. Comecei então a reparar que o poeta ou era aceito de modo total ou negado com a mesma veemência. Quando se falava no seu nome não havia nunca meias palavras, reticências, gestos de Conselheiro Acácio imitando um meneio de barco: "Assim, assim...". Nunca. Ou era amado ou detestado. A medíocre aceitação moderada não combinava com aquela orgulhosa poesia de olhos enxutos, sem o recurso fácil das rimas ou da ênfase. Poesia orgulhosa, sim, mas ao mesmo tempo humilde. Poesia clara, sim, e ao mesmo tempo, tão velada!

Tanto mistério, eu pensava afeiçoando-me cada vez mais aos poemas que no início afastara por considerar antipoéticos, difíceis. Eram eles que agora me fascinavam com seu grão de loucura. Uma loucura tão sábia. Tão lúcida. Tão tranquila.

Fascinava-me, sobretudo, a coragem desse poeta, uma coragem que o levava a escrever até antipoeticamente para não sacrificar a autenticidade da sua criação, para não torcer o sentido da vida que, segundo suas deduções, não tinha mesmo nenhum sentido. Desistira do lírico para não mistificar o verdadeiro, sem demonstrar o menor interesse em bajular o público, em conquistá-lo com temas do agrado das declamadoras distintas e dos namorados iludidos ou desiludidos no amor.

Até Mário de Andrade chegou a sugerir que se o poeta fizesse uma poesia menos inteligente, menos cerebral, poderia ir mais longe ainda. Por que não deixava de lado o tipo de poema-piada? "Seria preferível", escreveu ele, "que Carlos Drummond de Andrade não fosse tão inteligente... A reação intelectual contra a timidez já está mais do que observada: provoca amargor, provoca humor, provoca o fazer graça sem franqueza, nem alegria, nem saúde."

E qual a reação do poeta? Por acaso fez alguma concessão? Por acaso aplainou mais o tema ou estilo? Não. As discussões e controvérsias a seu respeito, se o perturbaram, ninguém o soube. A vida não era uma ordem? Então, toca a prosseguir implacável, fiel consigo mesmo numa caminhada não sobre nuvens mas na dureza do asfalto. Acariciando não a cabeleira da fantasia mas agarrado aos ásperos cabelos do cotidiano e no qual se há radiosas estrelas, há também dentaduras duplas rindo solitárias nos respectivos copos.

Ele tinha a intuição de que sua poesia — a falsa engraçada — obedecia simplesmente, conforme frisou o crítico Moacir Garcia, a "um processo ao qual o leitor superficial e desatento pode chamar de trocadilho, de piadismo, de anedota. Mas jamais era uma poesia gratuita e muito menos irresponsável ou esportiva".

Por essa época publiquei um livrinho de contos. Certa noite, véspera de exame, enquanto eu folheava as apostilas de Direito Civil, uma ideia a princípio meio obscura começou a me afligir. Deixei de lado as apostilas e pus-me a ler meu livro. Quando chegaram os dois colegas que eu convidara para estudarem comigo, eu já estava mergulhada na maior das aflições. É que de repente pressentira coisas... "Que coisas?", quiseram eles saber. Eu também não sabia ao certo. Mas sentia-me triste e confusa. Apanhei o livro de Carlos Drummond de Andrade e li para eles alguns poemas. É isto que temos que conquistar, disse-lhes, é este estilo, é esta grandeza. Tudo tão reto, tão enxuto, feroz de tão enxuto. E límpido. Ele consegue ser musgo e ao mesmo tempo é pedra. E nós, o que somos? Uns piegas sem fundo e sem forma, prossegui sacudindo o livro para ambos, estreantes como eu.

Pela primeira vez tomava consciência do problema da forma. Pela primeira vez dúvidas a meu respeito me sacudiam até as raízes, a mim e aos meus companheiros até então radiantes com os próprios trabalhos. Discutimos ferozmente pela noite adentro. Pela noite adentro três jovens até então seguros, confiantes, mergulharam na mais desesperada das incertezas. Estávamos inquietos e perguntávamos, nós que tivemos sempre a resposta pronta. Indagávamos, nós que sempre estivemos tão certos. A fecunda inquietação nascera em nós. Tínhamos mordido a isca e agora nos debatíamos diante da esfinge que nos interpelava serenamente: *trouxeste a chave?*

Chega mais perto e contempla as palavras.
Cada uma
tem mil faces secretas sob a face neutra
e te pergunta, sem interesse pela resposta,
pobre ou terrível, que lhe deres:
trouxeste a chave?

Trouxeste a chave? prossegui perguntando a mim mesma. Fiquei então humilde. Fiquei desconfiada. O poeta me ensinara que sob a pele das palavras havia "cifras e códigos". Era preciso, pois, paciência, eu que era a própria impaciência. Era preciso habilidade, eu que era estouvada. Paciência e habilidade não destituídas de amor para abrir esses cofres onde as palavras aguardavam o eleito que viria possuí-las.

A lição maior estava nos seus versos que não tinham, contudo, a menor intenção de ensinar. Lição generosa, lição cristã, impregnada de uma ternura quase sempre irônica, é certo, mas ternura. As dores do mundo atingiam-no em cheio e ele sofria mas seu sofrimento era contido. Grave. Um sofrimento à maneira de um Machado de Assis que também não agredia nem esbravejava: constatava, apenas constatava. E com ironia e com amor procurava ajudar o próximo, abrindo-lhes uma janela para o céu infinito da criação. Os jovens têm uma capacidade incrível de sofrer e eu tinha bons motivos de sofrimento. Apenas, após a descoberta do poeta, comecei a apelar também para o humor, colhendo não só lições de forma mas também de comportamento. Era daquela *inteligência*, precisamente daquela inteligência que Mário de Andrade considerara excessiva que eu precisava. Inteligência nunca despida de bondade, de emoção e que fez Otto Maria Carpeaux exclamar: "Quero dizê-lo, com toda franqueza, que o encontro com a poesia de Carlos Drummond de Andrade me foi um conforto nas trevas".

Esse encontro foi também para mim um conforto, quero dizê-lo neste instante, uma maravilhosa lição da arte de escrever e da mais difícil ainda arte de viver. Não sei se consegui aprendê-la mas se não consegui, a culpa não cabe ao mestre e sim ao aprendiz.

Ainda no começo deste ano, enquanto regressava de uma viagem a uma cidade do nosso interior e onde proferira uma conferência sobre o poeta, vinha justamente pensando em tudo isso. Pensando no quanto me enriqueci com sua obra. No quanto me enriqueci com sua amizade.

Chovia e fazia frio no ônibus que varava a noite. Fechei os olhos e sorri para mim mesma ao me lembrar de que havia apenas uma meia dúzia de gatos pingados na sala: por uma dessas coincidências fatais, precisamente nessa noite estreava na cidade um circo famoso. E o meu provável público lá se fora todo para ver a bicharada...

Mas meu coração estava aquecido por uma pequena lembrança: ao terminar a conferência, um jovem de cabeleira rebelde, e com o mesmo brilho no olhar daquele meu antigo colega, veio falar comigo. "Sou poeta", disse ele. "Confesso que não tinha lido ainda Carlos Drummond de Andrade mas vou fazê-lo agora, prometo", acrescentou apertando-me a mão como se selasse um pacto.

Era gelada e escura minha longa viagem de volta. Mas eu me sentia recompensada por ser responsável pela decisão daquele jovem que ficara lá atrás. Ele ia ler o poeta. Se essa leitura lhe fizesse ao menos a metade do bem que me fez, já era muito. Eu não pedia mais nada.

A Escola de Morrer Cedo

Um pouco de ordem na casa, hein? Então vamos lá, saí para ouvir o discurso do Goffredo no Palácio Tiradentes (Câmara dos Deputados) e em seguida tomei um táxi para fazer a minha conferência na Casa do Estudante.

Após o casamento no começo do ano, fomos morar no Rio, uma cidade tão fagueira nesse tempo. Uma cidade amena, digamos. Os sambistas cantavam *A Favela dos Meus Amores* num tom sentimental, ainda sentimental. Não se pensava nem brincando no crime organizado e embora as desigualdades sociais fossem crescentes, a miséria não estava tão exposta. E os estudantes, embora meio amotinados, fizeram o convite lírico, queriam que eu falasse sobre os românticos.

Tarde azul, azul. E eu ia me debruçar sobre o mais cinzento dos poetas, Álvares de Azevedo, o paulista que detestava São Paulo. E que acabou compondo com Gonçalves Dias, Fagundes Varella e Castro Alves a mais luminosa constelação da nossa Escola Romântica. Batizada por Carlos Drummond de Andrade com um nome de inspiração máxima, A Escola de Morrer Cedo.

* * *

Século XIX. A garoenta província de São Paulo tinha pouco mais de 20 mil habitantes. O casario pasmado, de austeras rótulas nas janelas baixas e telhados enegrecidos. O trânsito escasso: uma beata de mantilha negra em direção à igreja e um pai de família com o "cebolão" preso à corrente no bolso do colete, voltando da farmácia com as últimas novidades da Corte. Um burrico com os cestos no lombo, conduzido por um escravo. Os sapos coaxando no Vale do Anhangabaú. E o silêncio.

Nas noites escuras, acendiam-se os lampiões das ruas mas se a noite estava clara, a cidade era iluminada apenas pela luz do luar. Eram raras as reuniões noturnas com as mocinhas prendadas dedilhando no cravo. Depois da novena acontecia, às vezes, um bailinho na Sociedade Concórdia. Animado mesmo era o Largo de São Francisco mas só no período da manhã, quando os acadêmicos de Direito se reuniam no pátio da escola que fora um antigo convento franciscano.

A Escola de Morrer Cedo com os moços das capas pretas, colhidos em plena juventude pelo famoso Anjo das Asas Escuras: Álvares de Azevedo morreu antes de completar 21 anos. Junqueira Freire, quase 22 anos. Laurindo Rabello tinha 38 anos. Casimiro de Abreu tinha quase 22 anos. Fagundes Varella mal completara 34 e Castro Alves, 24 anos. O mais maduro da plêiade (eu disse maduro?) foi Gonçalves Dias, que morreu naquele estranho naufrágio. Tinha 41 anos.

O Mal do Século e outros males.

Na Europa do século XIX o descabelado Romantismo já estava cansando. Falhara o raciocínio, decretaram os românticos. Assim, com o fim do ideal clássico o homem fora eleito o novo modelo do ideal de beleza. E daí?... Esgotada a taça do intimismo lírico, a tendência foi a de se fazer uma pausa na avaliação dos exageros da intuição e da fantasia. Lord Byron e Goethe, Leopardi e Shelley, Heine e Musset, Victor Hugo e tantos outros já davam alguns sinais de enfaro.

Mas aqui nas lonjuras, a revolução estava apenas começando. Com a força das lavas de um vulcão, as correntes estrangeiras foram se infiltrando na raça e no meio, dois fatores tão propícios para o sucesso dessa infiltração.

Pronto, eis aí os nossos poetas excitadíssimos e entre eles, o jovem que conhecia várias línguas. E era estudioso e atento, sim, estou falando do pálido estudante de olhar ardente, esse Álvares de Azevedo, o Maneco, como era chamado pela família. Morou em "república" mas (segundo a versão familiar) não participou da vida boêmia dessas "repúblicas". Era recatado. Contemplativo. Escrevia muito, estudava e lia com sofreguidão mas costumava se recolher cedo. Na sua mesa de cabeceira, além da Bíblia, livros de Byron e Shakespeare.

"Para que um homem se torne poeta é preciso que esteja apaixonado ou desgraçado. Eu sou as duas coisas juntas!", suspirou Byron.

Ora, infeliz parecia ser esse Maneco nas cartas que escrevia à mãe, ah! esta província "onde a vida é um bocejar infinito". Mais queixas, o tédio nesta "terra de caipiras e de formigas".

Infeliz o jovem byroniano parecia ser, mas apaixonado?! Não tinha namorada visível. Nem invisível, segundo o testemunho dos poucos amigos. Na *Lira dos Vinte Anos,* na poesia dessa lira ele exaltou tanto as musas mas quem as conheceu de fato foi Castro Alves. *Spleen e Charutos.* O esvaziar sem fim de taças (*Noite na Taverna*) em meio das histórias delirantes mas quem bebeu realmente até a última gota foi Fagundes Varella. Charuto sim, charuto ele fumava. Mas era um copo de leite que o poeta da dúvida tomava antes de dormir.

Medo? Medo do amor sexual, o mesmo medo do poeta da saudade e da "aurora da minha vida", aquele Casimiro de Abreu. Quer dizer então que esse Álvares de Azevedo, o poeta tão cheio de ardências, era virgem? "Virgensíssimo!", escreveu Mário de Andrade. Na sua lira fremente as musas ou estão dormindo ou estão mortas:

> *Não acordes tão cedo! enquanto dormes*
> *Eu posso dar-te beijos em segredo...*
> *Mas, quando nos teus olhos raia a vida*
> *Não ouso te fitar... eu tenho medo!*

O vago n'alma. Antonio Candido fala nesse vago dos românticos e que vem a ser o quê? Nem tentar definir o indefinível mesmo porque nessa vaguidão cabe a dúvida e o sonho, cabe o misticismo e o pressentimento, mais do que pressentimento, a vidência.

No pequeno drama *Macário*, há o diálogo de um estranho jovem com o próprio Satã. No entanto, extraordinário me parece o diálogo desesperado do poeta com o seu fantasma preferido:

> *Cavaleiro das armas escuras*
> *Onde vais pelas trevas impuras*
> *Com a espada sangrenta na mão?*

Só no final o fantasma responde ao poeta:

> *Sou o sonho de tua esperança*
> *Tua febre que nunca descansa,*
> *O delírio que te há de matar!...*

Ano de 1852. Maneco está de férias na Corte, tinha passado para o 5º ano do curso, quando repentinamente sente-se muito mal. É operado: tumor na fossa ilíaca. Falou-se tanto em tuberculose, em pulmões "afetados", como se dizia na época, quase todos tinham aquele palor e aquela dor. Mas foi nítido o diagnóstico após a operação que ele sofreu sem anestesia e sem um gemido. E lembro agora, após o acidente com o tiro de espingarda, Castro Alves teve o pé amputado. Operação sem gemido e sem anestesia. Os moços das capas pretas e a antiga lição greco-romana do estoicismo, ah! essa Escola de Morrer Cedo.

O último poema do poeta e os presságios. Ele pede à mãe que saia do quarto, quer poupá-la. Aperta a mão do pai, "Que fatalidade, meu pai!".

Se eu morresse amanhã viria ao menos
Fechar meus olhos minha triste irmã;
Minha mãe de saudades morreria,
Se eu morresse amanhã!

Quanta glória pressinto em meu futuro!
Que aurora de porvir e que manhã!
E eu perdera chorando essas coroas,
Se eu morresse amanhã!

Era quase unânime a versão que corria nas Arcadas, Álvares de Azevedo pintava e bordava, era um fingidor. Um sonso. Participava das maiores farras, frequentador assíduo até das satânicas missas negras, sem o sangue mas negras. E depois escrevia bonzinho para a mamãe lá na Corte, chegando a confessar que fizera cruz na porta das Gomide porque essas senhoras tinham má reputação...

Fortalecendo essa versão, lembravam que na adolescência ele fora um menino tão divertido que chegou a se vestir de mulher numa festa. Enganando a todos, Mas quem é aquela mocinha tão bonita? Pois é, o Maneco e o humor. Gostava de imitar as pessoas e era ferino nas zombarias. O lado oculto. Aqui na província, para não assustar a família burguesa, tomou aquele ar entediado. Nostálgico.

Ainda assim, continuei com a minha versão familiar. Escrevendo como ele escreveu e lendo aquela barbaridade que ele leu (só 20 anos!) como ia ter tempo e forças para as tais noitadas? Escreveu alguns poemas malcomportados mas posar de indócil, de desregrado também fazia parte do clima da geração. Nas orgias inglesas, Lord Byron bebia num crânio transformado em fina taça com ornamentos de ouro. Nas orgias locais, segundo a tradição acadêmica, o nosso poeta e os amigos iam beber vinho num crânio mas sem esses requintes, desencavado lá no próprio cemitério.

> *Meu herói é um moço preguiçoso*
> *Que viveu e bebia porventura*
> *Como vós, meu leitor: se era formoso*
> *Ao certo não o sei. Em mesa impura*
> *Esgotara com lábio fervoroso*
> *Como vós e como eu a taça escura.*
> *Era pálido sim... mas não d'estudo*
> *No mais... era um devasso e disse tudo!*

E essa novidade agora! No livro *O Caminheiro*, o poeta Paulo Bomfim escreve crônicas sobre gente de um São Paulo antigo. Numa das crônicas ele conta que o pai de Sinhá Prado Guimarães foi colega e amigo de Álvares de Azevedo.

Pronto, a testemunha. A testemunha. Nesse tempo, Maneco morava na casa do avô, o Doutor Silveira da Mota. Quando anoitecia, o portão da casa desse avô era fechado com a enorme chave. Então, com a agilidade de um gato o nosso Maneco pulava a janela do sobrado e todo enrolado na capa preta lá ia para a Taverna do Corvo. Ou para os prostíbulos da Rua da Palha, hoje Rua Sete de Abril. Voltando de madrugada (a noite intensa!) a janela do avô parecia ainda mais inacessível. A solução era pular para dentro do quarto desse amigo e colega. Onde o esperava uma gemada com vinho do Porto, ah! a cumplicidade da mucama, fortalecer o poeta magro. Nesse doce abrigo ele descansava até o amanhecer. Quando então seguia para a casa do avô onde outra mucama vinha depressa abrir o portão para o moço da capa preta e das olheiras.

Paulo Bomfim aceita as duas teses, a do romântico casto, "virgensíssimo!". E a tese do boêmio pulando janelas e muros em meio da névoa para se divertir nas festinhas secretas ou nos descaminhos das serenatas. "Eu sou as duas coisas juntas!", escreveu Byron.

E agora?!... Agora me ocorre uma terceira versão: Álvares de Azevedo não era nem casto nem devasso mas um voyeur, e o voyeurismo? Então o poeta lá ia com a sua capa mas apenas para olhar, olhar, olhar... Um prazer tão excitante quanto o prazer de participar realmente da coisa. Prazer excitante e cansativo, parece que só assistir também cansa.

Ah, os jovens do vago n'alma! Incertezas, tantas incertezas. E quanto a essas versões, qual delas irá prevalecer?

O leitor é o meu parceiro e cúmplice, isso já foi dito. Recorrendo ao estilo romântico, convido agora o leitor a descansar na mão direita a fronte pensativa e refletir. E julgar. Vamos, leitor, o seu julgamento será definitivo.

ns Telles
e Este Livro

"Verdadeiro testemunho de um mundo moral em decomposição onde todos os valores entram em crise, a obra de Lygia Fagundes Telles fixa a matéria indecisa da vida, não pela pintura objetiva dos fatos, mas captando a dolorosa e quase indizível relação que se estabelece entre a consciência do homem e os seres e as coisas que o rodeiam."
NELLY NOVAES COELHO

"Lygia Fagundes Telles — um dos mais importantes nomes da ficção brasileira — é autora de uma obra que merece a melhor atenção da crítica e o aplauso do grande público. O leitor encontra nela uma atmosfera peculiar, figuras de perfil bem nítido e um largo espectro de temas e enredos. Com o maior rigor formal, da linguagem à estrutura da narrativa. Uma obra construída com imaginação e ciência, com uma atitude de luta no âmbito das palavras sempre exatas pela renovação sempre alcançada. Ela está entre os que sabem e buscam seriamente."
RICARDO RAMOS

Conto e Memória
POSFÁCIO / ALBERTO DA COSTA E SILVA

Ao chegar ao fim deste livro, o leitor talvez me acompanhe na impressão de que acabou de ler uma coletânea de contos, ainda que a autora não lhe dê esse nome.

Numa entrevista que Lygia Fagundes Telles me concedeu em 1955 — uma jovem bela e mansa a conversar com um rapazola que oscilava entre o arisco e o abusado —, ela discordou taxativamente da afirmação de Mário de Andrade segundo a qual era conto o que o escritor queria que fosse conto. O conto, para ela, não podia ser confundido com recordação da infância, descrição de viagem ou divagação sentimental. Exigia enredo, ainda que esse enredo fosse apenas sugerido. Tinha de ter uma história, mesmo quando não soubéssemos como principiava nem como findaria. E foi categórica: "Nem tudo que se diz conto é conto".

Pois, agora, ao terminar de reler *Durante Aquele Estranho Chá*, tomo-lhe a palavra e inverto: nem tudo que não recebe o nome de conto deixa de ser conto. Para o ser, precisa, contudo, ser escrito com as astúcias do gênero — o que ocorre com os textos reunidos neste livro, excetuados quatro deles ("Jorge Amado", "Discurso de Posse na Academia Brasileira de Letras", "Resposta a Clarice Lispector" e "A Escola de Morrer Cedo"). Aqui, as revelações pessoais, as evocações da meninice, as impressões de viagens, as lembranças de encontros e as celebrações de grandes amizades são narradas na linguagem da invenção; o leitor, no meio de cada parágrafo, a se apressar para o seguinte, a vigiar o inesperado, a antecipar o desenlace, a escorregar para o mistério.

Não são esses textos rigorosamente contos, mas estão vestidos de contos. E Lygia Fagundes Telles tem a clara percepção disso, pois nos revela que, ao responder à curiosidade dos leitores sobre sua vida e sua obra, não resiste a misturar "a realidade com o imaginário" e a fazer "ficção em cima da ficção", tamanha é a "vontade (disfarçada) de seduzir o leitor".

E disto se trata: não deixar que nossos olhos se distraiam do que relata. Para tocar-nos a alma, deixa cair sobre a cena corriqueira a luz do sonho e do imprevisto. Ou a sombra da saudade, num livro que está, comovidamente, cheio de mortos. E, com destreza, carda a realidade e a fia numa história.

Mais de uma vez, aliás, Lygia Fagundes Telles definiu-se como apenas uma contadora de histórias. De histórias imaginadas e histórias lembradas. De rememorações emocionadas como as de que se fez este livro. Dele saem, para conviver conosco por ao menos alguns minutos, Simone de Beauvoir, Clarice Lispector, Hilda Hilst, Jorge Luis Borges, William Faulkner, Monteiro Lobato, Mário de Andrade, Jorge Amado, Carlos Drummond de Andrade, Glauber Rocha e o seu bem-amado Paulo Emílio Sales Gomes. Eu disse "conosco": com Lygia Fagundes Telles e com quem a lê, seu interlocutor e cúmplice. Porque ela escreve como se narrasse oralmente uma história, sem despregar os olhos de quem, lendo, a ouve. E aqui nos diz "atenção!" e, mais adiante, "cuidado!". Quase a pedir que dialoguemos com seus textos e que a contradigamos.

Fiz-lhe a vontade e vi-me a impugnar seu elogio das viagens, das quais se poderia dizer que mais de quarenta anos de diplomacia me cansaram. Na realidade, porém, desde a primeira delas, o mais emocionante momento das viagens não deixou jamais de ser, para mim, o da volta para casa. Às outras terras e aos outros povos — e para eles não me faltaram cuidadosa atenção e carinho — sempre preferi o refúgio de meu canto. Tive cada viagem, por mais curta que fosse, como um exílio provisório, e nelas me sentia atado por obrigações e horários. Era no meu rincão que encontrava a liberdade.

De outras páginas, levantei os olhos para contar a Lygia, como se ela estivesse comigo — e, na verdade, senti que estava na minha frente, dentro do livro —, uma cena que eu havia vivido e que sua narrativa devolvia à minha memória. Ou para ver o que nunca havia visto: Mário de Andrade de terno de linho branco e Monteiro Lobato de chapéu de feltro e capote escuro. Pois Lygia Fagundes Telles não precisa mais do que a menção desses trajes para nos transportar a um outro tempo, que ainda não se foi da memória dos mais velhos e se reconstrói na imaginação dos mais novos, graças muitas vezes às fotografias que, para estes, são muito mais antigas que para aqueles.

Na maioria das páginas de *Durante Aquele Estranho Chá*, Lygia Fagundes Telles envolve-nos de passado, sem sair do presente. Como que cola, sobrepondo-as em parte, as sucessivas paisagens de ontem à paisagem de hoje. Geralmente, não as pinta; basta-lhe meia dúzia de traços, ou até menos, para engenhosamente insinuar um cenário. Duas janelas, um tabuleiro com maçãs na calçada e a mudança de luzes de um semáforo são suficientes para colocar o leitor na esquina que deseja.

É também mestra em desenhar com poucas linhas suas personagens. Nesses textos, não é com a descrição de seu porte e de suas feições — a forma da testa, das orelhas, do queixo e do nariz — que ela as põe dentro de nós, mas com uma inclinação da cabeça, o mover das mãos, as entonações da fala e o contrair dos lábios para um muxoxo. E sabe pôr todo o sentimento da perda irremediável do que, na vida, ficou para trás, numa cena como aquela a servir de fundo para o amigo que lhe diz adeus, em que algumas crianças, brincando, perseguem um cão.

Com essa sutileza e poder sugestivo Machado de Assis, Anton Tchekhov e Katherine Mansfield escreviam contos. E assim Lygia Fagundes Telles escreve os seus. E não só os contos, mas também depoimentos emotivos e páginas de memória que se imprimem em livros com a roupagem de contos. Ou que viraram contos. A começar por "Onde Estiveste de Noite?", que abre este volume.

Há poetas que, ao escrever em prosa, não conseguem fugir dos decassílabos e dos alexandrinos. Lygia Fagundes Telles, a involuntariamente imitá-los, descreve a vida como ficcionista. Maneja, por isso, suas lembranças como se as inventasse. Nas páginas deste livro, o que realmente sucedeu toma o sabor do inesperado, e uma série de acontecimentos remata-se em revelação ou mistério.

Mas há algo, e algo muito importante, que distingue as páginas de *Durante Aquele Estranho Chá* dos livros de contos e dos romances de Lygia Fagundes Telles. Nas obras de ficção, a autora esfola impiedosamente as personagens e nem sempre é caridosa com suas fraquezas. Quase todas vivem reclusas em seu isolamento, e o próprio amor se mostra como soma ou aconchego de duas solidões. Mesmo de mãos dadas, estão sós. A maldade não lhes é tampouco estranha, e em algumas delas até o hálito se revela perverso.

Nos contos e romances de Lygia Fagundes Telles, parece só haver lugar para os desencontros entre as criaturas humanas e para os desacertos do mundo. Neste livro, não. Se excetuarmos alguns momentos, como os parágrafos finais de "Às Vezes, Irã", com a terrível cena dos enforcados a apodrecerem na praça, nele só achamos natal e páscoa, afetos, perdão e, em surdina, festa. E nem poderia deixar de ser assim, já que a principal figurante é a própria Lygia Fagundes Telles, que costuma iluminar de suave bondade seu diálogo com os demais.

Cada leitor destas páginas de bem-querer é um espelho em que Lygia se reflete, sem expor o que na vida lhe foi amargo. Pois ela as escreveu a valorizar, serenamente, as horas felizes, a beleza dos encontros e das grandes amizades. A buscar o abraço. Como se tivesse sempre presente a palavra de Juan de la Cruz, poeta e santo: *"Adonde no hay amor, ponga amor y sacará amor"*.

ALBERTO DA COSTA E SILVA nasceu em São Paulo em 1931. Membro da Academia Brasileira de Letras, é poeta e historiador. Dele, a Companhia das Letras publicou *Castro Alves* (coleção Perfis Brasileiros).

Lygia Fagundes Telles —
A Pessoa e a Escritora
APRESENTAÇÃO À PRIMEIRA EDIÇÃO, DE 2002
SUÊNIO CAMPOS DE LUCENA

Lygia Fagundes Telles serve-se de vinho do Porto, acende um cigarro e enquanto fala vai deixando cair a cinza no cinzeiro. Estamos em seu apartamento no décimo terceiro andar no bairro paulistano dos Jardins. O cenário refinado. Com uma visibilidade rara, essa escritora que se reconhece em pleno Terceiro Mundo parece não coincidir com a imagem de "grande dama da literatura", na expressão cunhada pelo crítico Hélio Pólvora e citada com frequência pela mídia. Mas aqueles que conhecem mais de perto a escritora e a outra, a pessoa, compreendem perfeitamente o que significa a Lygia social. E aquela outra que escreve no silêncio e na solidão.

    O duro ofício de escrever e ao qual ela vem dando, conforme confessa com bom humor, "o melhor de si mesma". Mal rompe a manhã e ela se entrega a essa brava luta com a palavra. Contudo, ela acredita nessa luta, aposta nessa luta porque, para ela, um escritor desesperado é uma contradição. Há várias frentes, mas as da sua paixão são duas, o conto e o romance. Nos intervalos (a trégua?) escreve textos reais, digamos, e que são provocados por solicitações de revistas e jornais: as entrevistas e os depoimentos. Alguns deles, orais, quando a escritora é convidada para palestras em centros culturais e universitários.

Quando Lygia publicou o primeiro livro de contos, *Porão e Sobrado*, era uma adolescente ainda, saindo do curso fundamental: com as modestas mesadas que recebia do pai, descobriu uma gráfica e pagou o livro. Que acabou sendo motivo de futura insatisfação; mais do que isso, de arrependimento. "Não era o livro que eu queria", foi a queixa que fez.

No ano de 1944, quando aluna da Faculdade de Direito do Largo São Francisco, também pagando a edição, publicou *Praia Viva*. Que a jovem, ainda insatisfeita, acabou por não aprovar: "Como eu era ansiosa!", confessou depois. Em 1949, dessa vez sem pagar a edição, publicou *O Cacto Vermelho* (Editora Mérito).

Segundo o crítico Antonio Candido, o romance *Ciranda de Pedra* (1954, Edições O Cruzeiro) seria o marco da maturidade intelectual da escritora. Concordando com esse critério, a autora considera seu trabalho a partir dessa data. Assim, vetou a reedição dos livros anteriores com um argumento rigoroso mas bem-humorado: "Neste país de tão raros leitores, que esses leitores me conheçam agora e não através dos livros lá longe, tão coitadinhos...".

Em 1998 a escritora recebeu uma grande homenagem em Salvador, quando então tive a oportunidade de entrevistá-la. Perguntei-lhe numa dessas entrevistas se ela não cogitava publicar de novo algum desses títulos relegados ao esquecimento. Confessou que pensava, talvez, na reedição do livro *Histórias do Desencontro*, de 1958. Quanto aos outros, o adeus era mesmo definitivo.

Despontando na Geração de 45, Lygia Fagundes Telles escapa, de certo modo, de qualquer conotação cronológica ou de correntes temáticas: seria então, digamos, da geração de Clarice Lispector e de Fernando Sabino, ambos também com excelente crítica. Também ela, com a mesma garra, foi construindo sua longa trajetória, que a posicionou como uma das maiores escritoras de nossa língua.

Quatro romances, sendo que *Ciranda de Pedra* e *As Meninas* (1973) já ultrapassaram a trigésima edição. Os outros romances, *Verão no Aquário* (1964) e *As Horas Nuas* (1989), tiveram da mesma forma sucesso de público e fortuna crítica. Quanto aos livros de contos, todos com excelente receptividade, pela ordem de entrada em cena, destacamos: *Antes do Baile Verde* (1970), *Seminário dos Ratos* (1977), A *Disciplina do Amor* (1980), *Mistérios* (1981), *A Estrutura da*

Bolha de Sabão (1991), *A Noite Escura e Mais Eu* (1998) e *Invenção e Memória* (2000).

É importante lembrar que Lygia Fagundes Telles fez a revisão geral de todos os livros ora reeditados pela Editora Rocco.

Publicados pela Ática, *Venha Ver o Pôr do Sol* e *Oito Contos de Amor.* Pela Siciliano saiu o roteiro para cinema, *Capitu*, escrito em parceria com o segundo marido da autora, Paulo Emílio Sales Gomes, adaptação livre do romance de Machado de Assis, *Dom Casmurro.* *Os Melhores Contos de Lygia Fagundes Telles*, com seleção e prefácio de Eduardo Portella (1984), foi publicado pela Global Editora. *Pomba Enamorada*, com seleção e prefácio de Léa Masina (1999), foi lançado pela L&PM Pocket.

Em 1985, Lygia Fagundes Telles foi eleita para a Academia Brasileira de Letras (ABL). Nessa altura, alguns dos contos e romances já tinham sido adaptados para o cinema, teatro e televisão e sempre sem a intervenção da autora: foram adaptações livres.

Oportuno lembrar aqui alguns dos críticos e ensaístas que escreveram sobre a escritora, a relação é grande. Nessa fortuna crítica, destacamos José Paulo Paes, Otto Maria Carpeaux, Sérgio Milliet, Paulo Rónai, Wilson Martins, Antonio Candido, Eduardo Portella e Fábio Lucas. Penso que também merece registro, no gênero crônica, as que foram escritas sobre a escritora e entre as quais destaco as de autoria do poeta Carlos Drummond de Andrade e dos romancistas Erico Verissimo e Carlos Heitor Cony.

Vários títulos da obra de Lygia foram publicados nos Estados Unidos e na Europa e com excelente crítica, notadamente em Portugal e na França. Acrescente-se ainda que muitos de seus contos fazem parte de importantes antologias publicadas no Brasil e no exterior.

Parece-nos que Lygia Fagundes Telles nutre afinidade pela obra literária de Machado de Assis, de quem se confessa ardorosa admiradora. Ao lado de outros cinco escritores, também de primeira linha, escreveu uma versão do famoso conto machadiano, em volume intitulado *Missa do Galo: Variações Sobre o Mesmo Tema* (1977, Summus Editorial).

Assumindo essa ligeira influência machadiana, tomou ela rumos completamente diversos em seus mistérios. Estão presentes a ironia e a ambiguidade, mas com um estilo original nas tramas e na aventura das pesquisas que giram principalmente em torno do monólogo interior. A temática é urbana e com naturalidade vai em busca, às vezes, de uma linguagem na qual o fluxo do narrador é apresentado de forma fragmentada, e a sintaxe chega a ser desprezada num hábil exercício que faz lembrar José Saramago em sua radicalidade estilística.

A obra da escritora está impregnada de alguns temas recorrentes: a solidão, a loucura e a morte. Às vezes, a trégua e, na trégua da luta, o humor. E a ironia na graça da vida. A presença da morte é mais nítida nos contos "Venha Ver o Pôr do Sol", "Antes do Baile Verde", "Uma Branca Sombra Pálida", "A Caçada"...
Nos romances *Verão no Aquário* e *As Horas Nuas*, concentrada nas personagens femininas, Raíza e Rosa Ambrósio, talvez esteja a mais dolorida solidão que nasce da rejeição. Solidão que marca também a jovem Virgínia, de *Ciranda de Pedra*, no mesmo clima de rejeição e demência.
No romance *As Meninas*, as jovens personagens se revezam numa linguagem de paixão e perplexidade, drogas e política. Foi escrito nos anos de chumbo: Lião é uma revolucionária, a tão bem-educada Lorena é uma pequeno-burguesa mas revelando-se, no final, uma corajosa e objetiva personagem em face da tragédia. E a bela e recalcada Ana Clara, a Ana Turva com suas drogas e delírios fechando o triângulo. Perplexidade e paixão que nos transportam, em certos momentos, para aquela atmosfera de rejeição e loucura de *Ciranda de Pedra*.
Não esquecer o realismo fantástico que transparece no mistério maior de alguns contos como "As Formigas", "Seminário dos Ratos", "W. M.", "Tigrela" e "A Caçada" — enfim, eis aí uma tarefa bastante difícil: detectar nesses textos resgatados as sementes ocultas e reveladoras de uma ficção que lida com a condição humana.
Principalmente, não esquecer a preocupação da autora em denunciar as chagas da nossa sociedade em alguns dos textos que

garimpamos. Com insistência ela demonstra essa preocupação, desde a primeira juventude na Faculdade de Direito do Largo São Francisco. Preocupação que levou o crítico português Óscar Lopes a considerar que a obra de Lygia representa um retrato da decadência da burguesia brasileira, em especial da burguesia paulista.

"Não me entendam depressa demais!", exclamou alguém no auge da exasperação. Penso hoje que a escritora Lygia Fagundes Telles poderia repetir a mesma frase. Diante de seus romances e contos, algumas vezes expressos de forma direta e até clara, é preciso que o leitor levante a pele dessas palavras. Sob a pele está a face oculta do sentido mais profundo.

Assim, o propósito deste livro é auxiliar o leitor nos labirintos dessa escrita. Suprir lacunas com minhas sugestões e indicações que, devo confessar, foram nascendo do convívio com a escritora. E, principalmente, da devoção deste estudioso em face dessa obra.

Durante anos fui reunindo e ordenando o material que ficou fora dos livros da escritora para assim compor meu trabalho de pós-graduação. Nesse esforço de tentar juntar as peças como num jogo de encaixe, fui descobrindo a produção de Lygia Fagundes Telles ainda desconhecida do público. Ou melhor, que ainda está dispersa na efemeridade das revistas e dos jornais. Quero lembrar que algumas dessas minhas "descobertas" foram publicadas depois nesta ou naquela coletânea, mas antes as encontrei assim no nascedouro, como foi o caso, por exemplo, da lembrança da viagem, "Às Vezes, Irã".

Nasceu assim a reunião dos dispersos, fruto de garimpagem que levou bastante tempo de paciência e amor. Consultei a autora, é claro. Ela concordou com a publicação desses textos, depoimentos na maioria, e que não explicam nem esclarecem sua ficção. Mas que tentam, ao menos, orientar o leitor nesse labirinto que é o mistério da criação. Com as reflexões e aparentes confissões da autora, mesmo sem indicar a saída, o leitor pode se sentir seduzido por esse labirinto. E assim, chegar à obra.

A aproximação da infância da escritora, invenção ou memória?, ela já perguntou no mais recente livro. Não importa. O importante é ir encontrando as pistas com essas leves pitadas autobiográficas. E com os laços tão importantes de amizade, ela conheceu Carlos Drummond de Andrade, Clarice Lispector, Manuel Bandeira... Os camaradas de letras, conforme já se referiu a essas testemunhas e participantes da juventude e da maturidade. Há até o relato de uma viagem fulgurante à Suíça. E reflexões tão comoventes sobre a mulher, ah! as mulheres... O discurso nada convencional que pronunciou na Academia diante das excelências e a lembrança da viagem ao Irã, esse marcante relato publicado pela primeira vez em 1973 num caderno universitário. Viagem feita no final de 1968 e hoje extraordinariamente atual ante a realidade política. Na longínqua praça iraniana, os enforcados, um aviso terrível do que estava para vir.

Tantas experiências vistas com seu olhar impregnado de certo senso de humor, às vezes de ironia. Vai fundo a narradora nos textos resgatados nesta coletânea, textos sempre originais. E densos.

Neste começo de século tão marcado por modismos, Lygia Fagundes Telles permanece pela qualidade e beleza de sua palavra.

A Autora

Lygia Fagundes Telles nasceu em São Paulo e passou a infância no interior do estado, onde o pai, o advogado Durval de Azevedo Fagundes, foi promotor público. A mãe, Maria do Rosário (Zazita), era pianista. Voltando a residir com a família em São Paulo, a escritora fez o curso fundamental na Escola Caetano de Campos e em seguida ingressou na Faculdade de Direito do Largo São Francisco, da Universidade de São Paulo, onde se formou. Quando estudante do pré-jurídico cursou a Escola Superior de Educação Física da mesma universidade.

Ainda na adolescência manifestou-se a paixão, ou melhor, a vocação de Lygia Fagundes Telles para a literatura, incentivada pelos seus maiores amigos, os escritores Carlos Drummond de Andrade, Erico Verissimo e Edgard Cavalheiro. Contudo, mais tarde a escritora viria a rejeitar seus primeiros livros porque em sua opinião "a pouca idade não justifica o nascimento de textos prematuros, que deveriam continuar no limbo".

Ciranda de Pedra (1954) é considerada por Antonio Candido a obra em que a autora alcança a maturidade literária. Lygia Fagundes Telles também considera esse romance o marco inicial de suas obras completas. O que ficou para trás "são juvenilidades". Quando da sua publicação o romance foi saudado por críticos como Otto Maria Carpeaux, Paulo Rónai e José Paulo Paes. No mesmo ano, fruto de seu primeiro casamento, nasceu o filho Goffredo da Silva Telles Neto, cineasta, e que lhe deu as duas netas: Lúcia e Margarida. Ainda nos anos 1950, saiu o livro *Histórias do Desencontro* (1958), que recebeu o prêmio do Instituto Nacional do Livro.

O segundo romance, *Verão no Aquário* (1963), prêmio Jabuti, saiu no mesmo ano em que já divorciada casou-se com o crítico de cinema Paulo Emílio Sales Gomes. Em parceria com ele escreveu o roteiro para cinema *Capitu* (1967), baseado em *Dom Casmurro*, de Machado de Assis. Esse roteiro, que foi encomenda de Paulo Cezar Saraceni, recebeu o prêmio Candango, concedido ao melhor roteiro cinematográfico.

A década de 1970 foi de intensa atividade literária e marcou o início da sua consagração na carreira. Lygia Fagundes Telles publicou, então, alguns de seus livros mais importantes: *Antes do Baile Verde* (1970), cujo conto que dá título ao livro recebeu o Primeiro Prêmio no Concurso Internacional de Escritoras, na França; *As Meninas* (1973), romance que recebeu os prêmios Jabuti, Coelho Neto da Academia Brasileira de Letras e "Ficção" da Associação Paulista de Críticos de Arte (APCA); *Seminário dos Ratos* (1977), premiado pelo PEN Clube do Brasil. O livro de contos *Filhos Pródigos* (1978) seria republicado com o título de um de seus contos, *A Estrutura da Bolha de Sabão* (1991).

A Disciplina do Amor (1980) recebeu o prêmio Jabuti e o prêmio APCA. O romance *As Horas Nuas* (1989) recebeu o prêmio Pedro Nava de Melhor Livro do Ano.

Os textos curtos e impactantes passaram a se suceder na década de 1990, quando, então, é publicado *A Noite Escura e Mais Eu* (1995), que recebeu o prêmio Arthur Azevedo da Biblioteca Nacional, o prêmio Jabuti e o prêmio Aplub de Literatura. Os textos do livro *Invenção e Memória* (2000) receberam os prêmios Jabuti, APCA e o "Golfinho de Ouro". *Durante Aquele Estranho Chá* (2002), textos que a autora denominava de "perdidos e achados", antecedeu seu livro *Conspiração de Nuvens* (2007), que mistura ficção e memória e foi premiado pela APCA.

Em 1998, foi condecorada pelo governo francês com a Ordem das Artes e das Letras, mas a consagração definitiva viria com o prêmio Camões (2005), distinção maior em língua portuguesa pelo conjunto da obra.

Lygia Fagundes Telles conduziu sua trajetória literária trabalhando ainda como procuradora do Instituto de Previdência do Estado de São Paulo, cargo que exerceu até a aposentadoria. Foi ainda presidente da Cinemateca Brasileira, fundada por Paulo Emílio Sales Gomes, e membro da Academia Paulista de Letras e da Academia Brasileira de Letras. Teve seus livros publicados em diversos países: Portugal, França, Estados Unidos, Alemanha, Itália, Holanda, Suécia, Espanha e República Checa, entre outros, com obras adaptadas para tevê, teatro e cinema.

Vivendo a realidade de uma escritora do terceiro mundo, Lygia Fagundes Telles considerava sua obra de natureza engajada, comprometida com a difícil condição do ser humano em um país de tão frágil educação e saúde. Participante desse tempo e dessa sociedade, a escritora procurava apresentar através da palavra escrita a realidade envolta na sedução do imaginário e da fantasia. Mas enfrentando sempre a realidade deste país: em 1976, durante a ditadura militar, integrou uma comissão de escritores que foi a Brasília entregar ao ministro da Justiça o famoso "Manifesto dos Mil", veemente declaração contra a censura assinada pelos mais representativos intelectuais do Brasil.

A autora já declarou em uma entrevista: "A criação literária? O escritor pode ser louco, mas não enlouquece o leitor, ao contrário, pode até desviá-lo da loucura. O escritor pode ser corrompido, mas não corrompe. Pode ser solitário e triste e ainda assim vai alimentar o sonho daquele que está na solidão".

Lygia Fagundes Telles faleceu em 3 de abril de 2022, em São Paulo.

Na página 157, retrato da autora feito por Carlos Drummond de Andrade na década de 1970.

Esta obra foi composta
em Utopia e Trade Gothic
por warrakloureiro
e impressa em ofsete pela
Paym sobre papel
Pólen Bold da Suzano S.A.
para a Editora Schwarcz
em abril de 2022

A marca FSC® é a garantia de que a madeira utilizada na fabricação do papel deste livro provém de florestas que foram gerenciadas de maneira ambientalmente correta, socialmente justa e economicamente viável, além de outras fontes de origem controlada.